李东进　秦 勇
［韩］朴敬石　［韩］金判洙◎著

东北地区企业行为与商业惯例研究

RESEARCH ON THE ENTERPRISE BEHAVIOR AND COMMERCIAL PRACTICE IN NORTHEAST CHINA

中国发展出版社
CHINA DEVELOPMENT PRESS

图书在版编目（CIP）数据

东北地区企业行为与商业惯例研究/李东进，秦勇，［韩］朴敬石，［韩］金判洙著．—北京：中国发展出版社，2015.5

ISBN 978－7－5177－0316－7

Ⅰ.①东… Ⅱ.①李… ②秦… ③朴… ④金… Ⅲ.①企业行为—研究—东北地区 ②商业规程—研究—东北地区 Ⅳ.①F279.273 ②F727.3

中国版本图书馆CIP数据核字（2015）第079852号

书　　名：东北地区企业行为与商业惯例研究
著作责任者：李东进　秦　勇　［韩］朴敬石　［韩］金判洙
出 版 发 行：中国发展出版社
（北京市西城区百万庄大街16号8层　100037）
标 准 书 号：ISBN 978－7－5177－0316－7
经　销　者：各地新华书店
印　刷　者：北京明恒达印务有限公司
开　　本：710mm×1000mm　1/16
印　　张：14.25
字　　数：149千字
版　　次：2015年5月第1版
印　　次：2015年5月第1次印刷
定　　价：38.00元
联 系 电 话：（010）68990642　68990692
购 书 热 线：（010）68990682　68990686
网 络 订 购：http://zgfzcbs.tmall.com//
网 购 电 话：（010）68990639　88333349
本 社 网 址：http://www.develpress.com.cn
电 子 邮 件：fazhanreader@163.com

序 言

本书研究所做的目的是通过对近现代中国社会经济惯例的调查和研究，进一步强化韩国的中国研究基础，丰富中国研究成果。这些研究工作首先在人文中国研究和社会科学中国研究的多学科交叉与合作过程中具体实现的。并且，对近现代中国社会、经济惯例的调查研究是洞察中国过去和现代的实事求是的研究。经过长期而复杂的历史过程而形成并被检验的中国社会、经济惯例，成为无形中制约人们日常生活的社会运营系统。所以我们对中国惯例的研究并不是抽象地研究，而是通过对惯例的具体研究来揭示中国社会发展变化的轨迹，从这点上说，我们的课题是开创中国研究新局面的最合适的题材。

我们研究的另一目的是，观察中国社会内在秩序，有效地观察中国能够长期稳定和充满活力的情况，从而进一步加深了解中国。我们关注中国惯例，因为惯例是一种社会规范，它规范着社会民间以及各社群行为，以惯例为媒介而形成个人、社群、国家的有机体。所以我们认为，以惯例为视觉的中国研究，才能观察和了解长期稳定的中国实际。

所以，我们的研究将为揭示中国发展模式本身及其可能性做出贡献，因为一国发展模式是经过历史长期积累的社会、经济、文化资源形成的。

中国惯例研究丛书是仁川大学HK中国惯例研究事业团的系列研究成果，丛书不仅包括我们事业团的研究成果，而且还包括与研究主题相关的国外主要著作和翻译书。将来，我们继续出版与研究主题相关的研究及翻译丛书。这些研究成果的累积，会为韩国的中国研究水平的提高作出贡献的。

韩国仁川大学中国学术院
HK中国惯例研究事业团
团长　张祯娥
2015年3月

前 言

企业行为是指企业为追求特定的目标而展现出来的活动方式。根据经济学的相关理论，企业行为是一种理性的、逐利的行为，其根本出发点是为了实现自身利益的最大化。然而，完全理性的企业行为是要受到现实中各种环境因素的影响和制约的，为了更好地与环境相适应，企业需不断地调整自己的行为方式，由此形成了某些独具特色的行为，并最终演化成为交易各方普遍遵守的商业惯例。

商业惯例虽然不是法律，但对交易双方都具有一定的约束力，是业界普遍遵守的行为规则。在商务活动中，无视商业惯例或是对其了解、重视程度不够，都有可能错失商业良机，甚至导致企业破产、倒闭。无数在华企业“水土不服”的失败案例，莫不与此有着一定的关系。因此，通过实地调查来研究中国企业行为和商业惯例问题，为企业提供相关的研究结论和建议，无疑具有极为重要的价值和意义。

由于中国幅员广阔，民族众多，社会文化差异显著，且各地经济发展和产业结构又各不相同，因而造就了不同地区鲜明的企业行为与商业惯例。所以，研究中国的企业行为和商业惯例问题必须要考虑到地域的因素，否则很难得出具有较强针对性的研究结论。为此，我们选择极具地域文化特色的东北三省作为本次研究的区域。

本课题以东北地区企业行为与商业惯例为研究对象，通过文献梳理、问卷调查、深度访谈和焦点小组访谈等多种途径来获取可靠的研究资料。在统计、分析的基础上描述了东北地区的企业行为与商业惯例表现，剖析了东北地区商业惯例所形成的内在根源，最后探讨了商业惯例和商业潜规则对当前东北地区企业行为的重要作用和影响。

本书是此次调查研究的最终成果。全书共分8章，具体内容如下。第1章“研究概述”，主要介绍本课题的研究目标、研究思路、研究方案设计及具体的实施过程；第2章“东北地区企业经营环境与发展概况”，主要分析东北地区企业的经营环境、东北地区地域文化及企业家特质、东北地区不同类型企业的经营战略；第3章“关系与东北地区企业行为”，主要讲述义与利对企业行为的影响、政府关系与企业行为、项目招投标过程中的关系、人员招聘过程中的关系；第4章“东北地区商务人员交往惯例”，内容包括东北地区商务人员穿着与称呼惯例、拜访时机与场所、商务活动中的宴会与礼物馈赠行为；第5章“东北地区企业招商规则与谈判惯例”，主要讲述东北地区企业的招商规则和东北地区的商务谈判惯例；第6章“东北地区地域文化与消费者行为”，主要论述东北地区地域文化的形成、变迁与表现、东北地区消费者购买决策的过程以及东北地区消费者购买决策的影响因素；第7章“东北地区主要行业的企业行为与商业惯例”，主要介绍流通领域、房地产、制造业和金融行业这四大产业特有的企业行为与商业惯例；第8章为全书的最后一章，提出了本研究的最终结论。

本课题是与韩国仁川大学中国学术院合作的项目。经过一年多的努力，本课题以专著形式正式出版。作为合作一方，韩国仁川大学中国学术院尽可能履行承诺的同时为本课题的完成提供相关资料，并提出了宝贵的具体建议；韩国外国语大学经济学院的康珠华教授也为本课题的立项提出了建设性的意见；吉林大学金晓彤教授、东北大学张昊教授、东北师范大学银成钺教授、哈尔滨理工大学金基永老师、延边大学朴杰老师为本课题的问卷调查以及企业家访谈和座谈会给予大力支持；南开大学MBA沈阳班的冯杰和侍少华也为当地的调查提供了很多支持；对他们表示衷心的感谢。同时也要感谢中国发展出版社的编辑们，是她们的积极鼓励和督促使我们顺利完成了写作任务。

南开大学商学院在读研究生康志宏、江泳、肖蝶、赵翼舒始终参加了本课题的研究，已经毕业的硕士生张越、张晓蕾也参加了本课题的前期研究工作。他们不仅参加了资料收集、问卷设计、座谈或访谈资料的整理等工作，并各自提供了部分章节的初稿，因为他们的辛劳，本书才按时正式出版，非常感谢他们的辛苦努力。全书书稿由秦勇具体负责整理，最后由李东进、秦勇、朴敬石（韩）、金判洙（韩）总纂和定稿。

本书是中国国内首部有关企业行为和商业惯例研究方面的专著。在可供参考、借鉴的文献很少的情况下，我们尽可能以第一手资料和数据来揭示东北企业商业惯例的现实，这对“商战”第一线企业人员以及关注中国商业惯例的学者可能有一定的参考价值。但作者水平有限，书中难免存在疏漏和不妥之处，敬请广大读者批评斧正。

李东进　秦勇　（韩）朴敬石　（韩）金判洙

2015年4月

目 录

第1章

研究概述

商业惯例（Commercial Practices）虽然不是法律，但对交易双方都具有一定的约束力，是业界普遍遵守的行为规则。在商务活动中，无视商业惯例或是了解、重视商业惯例不足，都极有可能错失商业良机，甚至导致企业破产、倒闭。无数在华企业“水土不服的”失败案例，莫不与此有着一定的关系。因此，通过实地调查来研究中国企业行为和商业惯例问题，为企业提供相关的研究结论和建议，无疑具有极为重要的价值和意义。

中国幅员广阔，民族众多，社会文化差异显著，各地经济发展和产业结构又各不相同，因而造就了不同地区鲜明的企业行为与商业惯例。所以，研究中国的企业行为和商业惯例问题必须要考虑到地域的因素，否则很难得出具有较强针对性的研究结论。为此，我们选择极具地域文化特色的东北三省作为本次研究的区域。

1.1 研究背景与意义

作为中国最重要的老工业基地，东北地区曾是新中国工业的摇篮，为建成独立、完整的工业体系和国民经济体系，为国家的改革开放和现代化建设做出了历史性的重大贡献[①]。但自20世纪90年代以来，由于体制性和结构性矛盾日趋显现，东北老工业基地企业设备和技术老化，竞争力下降，就业矛盾突出，资源性城市主导产业衰退，经济发展步伐相对较缓慢，与沿海发达地区的差距在扩大。改革开放初期，辽宁省GDP是广东的2倍，而现在广东是辽宁的2倍；1980年黑龙江省的GDP与东部6省市的平均值相当，现在为其46.2%，人均GDP仅是上海的1/4[②]。

为改变东北地区经济发展的困境，2003年10月，中共中央、国务院发布《关于实施东北地区等老工业基地振兴战略的若干意见》，明确了实施振兴战略的指导思想、方针任务和政策措施。随着振兴战略的实施，东北地区的产业结构发生了明显的变化，第一、第二产业在国民经济中的比重不断下降，第三产业的地位持续提升。在此转型的关键时期，调查企业行为与商业惯例的变迁是一个非常现实的选题，这对于深入了解产业升级与企业行为及商业惯例间的相互关系，探寻三者之间的作用机制，都具有积极的意义。同时，东北地区与韩国地理位置接近，商贸关系密切，又是朝鲜族在中国的主要聚集区，对该地区商业行为与商业惯例的研究，将有助于韩国企业进一步加深对东北三省的了解，从而促进双边商贸关系的发展。此外，东北人性格豪放，民风醇厚，有着与中国其他地区居民明显

① 杨艳琳，娄飞鹏：《中国经济发展中的就业问题》，山东人民出版社2010年版。

② 宋桂霞："关于在大庆振兴东北老工业基地中产业结构调整的战略思考"，《未来与发展》2009年第9期，第34页。

不同的特征。因此，通过调查来研究民风与企业行为、商业惯例及商业潜规则的关系也是一次非常有意义的尝试。

1.2 研究目标、思路与内容

1.2.1 研究目标

东北地区地处中国的最东北方，气候寒冷，幅员广阔，物产丰富且工业基础雄厚，传统的农耕和渔猎习俗与现代的商业社会文明交织，以大型国有企业为支柱、中小型民营企业为补充的经济格局造就了当今东北地区独特的企业行为与商业惯例。

本文通过定性与定量分析，了解和掌握东北地区企业行为和商业惯例现状，深入挖掘东北地区商业惯例所形成的内在根源，重点探讨商业惯例及商业潜规则在当前东北地区企业行为中的作用和影响。

1.2.2 研究思路

1. 总体研究思路

本项目的总体研究思路具体分为五步。

第一步，首先制定研究框架，经课题组成员及相关专家充分论证后确定研究方法。

第二步，在收集有关文献资料及文献研究的基础上设计调研问卷，通过焦点小组访谈、深度访谈等预调研活动优化问卷。

第三步，根据前期研究成果结合课题任务书设计抽样选择方案。

第四步，确定调研方法，成立调研团队并培训调研人员。

第五步，在实地调研之后，课题组对调研资料进行统计分析，在此基础上撰写研究专著。

总体研究思路如图 1－1 所示。

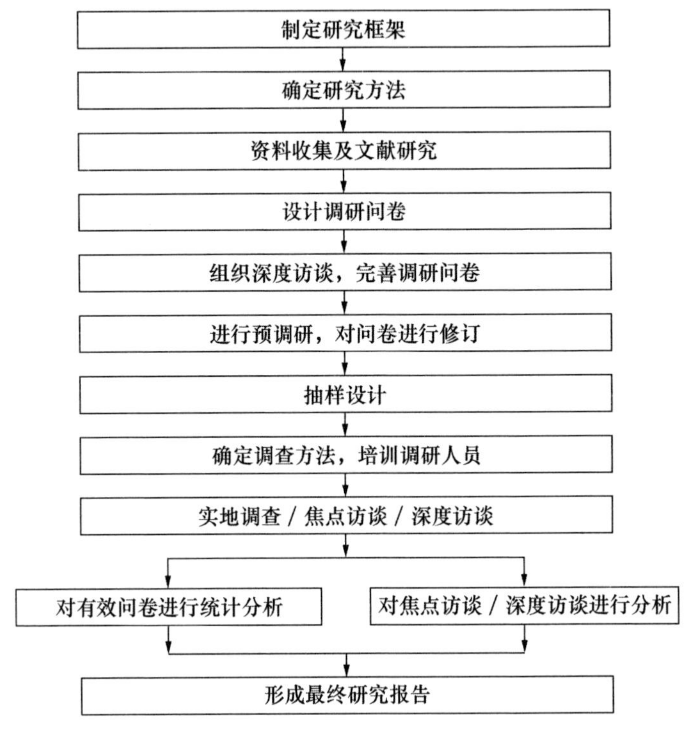

图 1－1　项目研究思路图

2. 具体的研究思路

（1）问卷调查的研究思路。问卷调查的研究思路为：在文献研究的基础上形成分析报告，根据分析报告设计问卷初稿。通过预调研发现问卷设计中存在的问题并进行修订，从而确定最终的调研问卷。此后进行样本选择和实地问卷调查，最后根据回收的有效问卷进行数据处理和分析。

问卷调查的研究思路见图 1 －2。

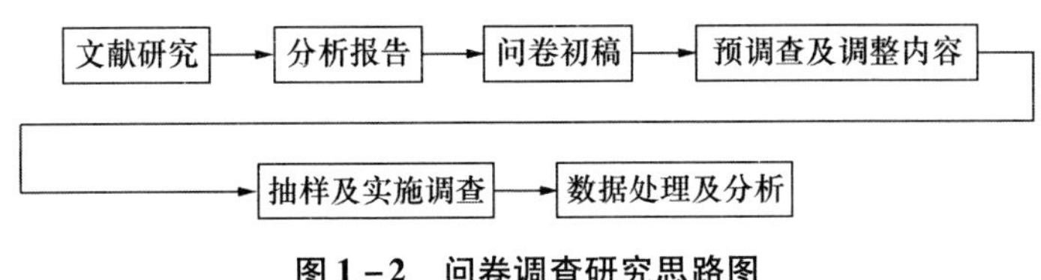

图 1 －2　问卷调查研究思路图

根据研究目的的不同，本项目调研问卷分为不同的两份。一份是针对企业经营管理人员的企业行为和商业惯例调查，另一份是针对消费者的消费者行为调查。两者是分别进行的，样本上没有重复。

（2）深度访谈（depth interview，DI）研究思路。深度访谈的研究思路为：通过文献研究形成研究报告，经专家会议讨论后编制最终的访谈脚本，最后确定访谈对象及实施访谈。

深度访谈的研究思路见图 1 －3。

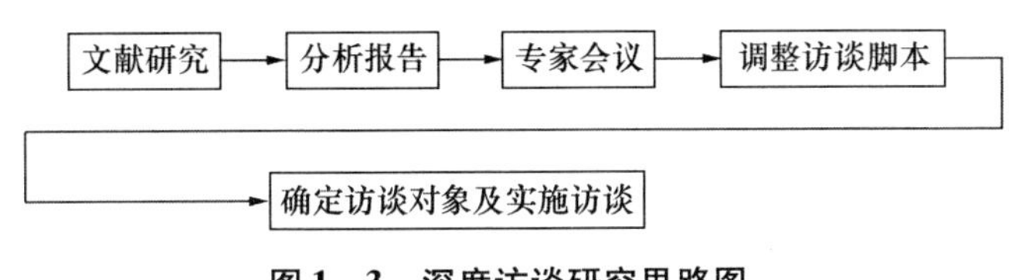

图 1 －3　深度访谈研究思路图

（3）焦点小组访谈（focus group interview，FGI）研究思路。焦点小组访谈的研究思路为：基于文献研究，形成研究思路，根据相关专家咨询意见确定访谈脚本，最后选择访谈对象和实施访谈。

焦点小组访谈研究思路见图 1 －4。

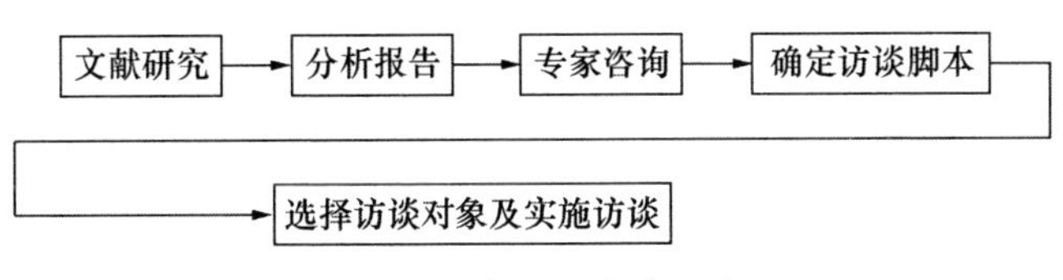

图 1 －4　焦点小组访谈思路图

1.2.3 研究内容

本项目的研究内容主要包括以下 6 个方面。

1. 东北地区企业经营环境与发展概况

通过文献研究和对企业家的深度访谈，了解东北地区企业的经营环境、东北地区的地域文化、东北地区企业家的特质以及东北地区不同类型企业的经营战略。

2. 关系与东北地区企业行为

主要讲述义与利对东北地区企业行为的影响、政府关系与企业行为、项目招投标过程中关系的作用和人员招聘过程中的关系。

3. 东北地区商务人员交往惯例

主要研究内容包括东北地区商务人员穿着与称呼惯例、拜访时机与场所、商务活动中的宴会与礼物馈赠行为。

4. 东北地区企业招商与谈判惯例

主要讲述东北地区企业特有的招商规则和商务谈判惯例。具体内容包括：商务人员对招商规则和商业惯例的理解、东北地区商业活动中的惯例表现、东北地区商业契约中的惯例表现、关系在东北地区商业惯例中的表现、东北人特质在商业惯例中的表现、东北地区商业潜规则等。

5. 东北地区地域文化与消费者行为

主要包括东北地区地域文化与消费者行为的关系、东北地区消费者购买决策的过程，以及东北地区消费者购买决策的影响因素等内容。

6. 东北地区主要行业的企业行为与商业惯例

主要从行业的视角出发，进一步探讨流通产业、房地产业、制造业和金融行业这四大东北地区主要的支柱产业内部特有的企业行为与商业惯例，并对其进行比较分析。

1.3 研究设计与实地调研情况

1.3.1 研究设计

本研究主要是通过对二手资料的梳理和实地问卷调查（Survey）、深度访谈、焦点小组访谈等，获取东北地区企业经营环境、东北地区企业行为特点与变迁、东北地区商业惯例的表现、商业潜规则的现状及发展、东北人对东北地区商业惯例的认知、商业惯例对企业行为以及消费者行为的影响等相关数据和资料，在此基础上通过统计分析和归纳总结，最后形成研究专著。具体研究框架见图1－5。

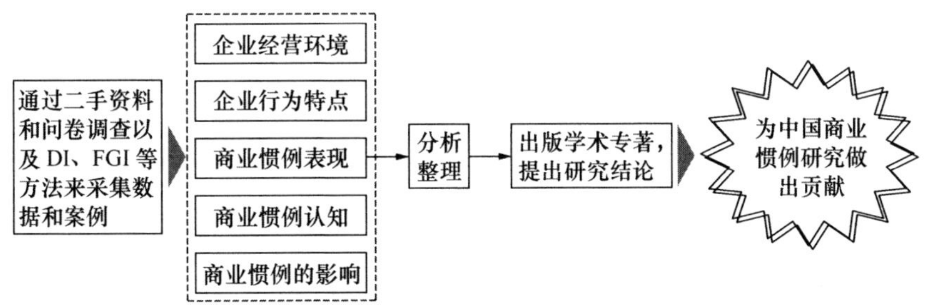

图 1－5　东北地区企业行为及商业惯例调查研究框架

1.3.2 实地调研情况

1. 问卷调查情况

此次问卷调查分为针对企业经营管理人员的企业行为和商业惯例调查，以及针对消费者的消费者行为调查。其中，针对企业经营管理人员的调查由项目组负责人、协调人和部分项目组成员赴东北地区的沈阳市、长春市、哈尔滨市和延边市实地调查来完成，调查时间为2014年7~9月份。针对消费者的调查是委托当地与本项目负责人和协调人有学缘关系的高校师生来完成，调查时间为2014年9~10月份。

为了获得具有代表性的和能够反映东北地区企业行为和商业惯例总体情况的可靠数据，本次问卷调查采取了分层抽样的方法。基于这种抽样思想，我们选取东北地区的哈尔滨、长春、延吉和沈阳四大城市所属的不同类型、规模和性质的企业中的销售经理作为本次问卷调查的对象。这种抽样方法保证了样本结构和总体结构的一致性，因而抽取的样本具有足够的代表性。

此次针对企业经营管理人员（主要是销售经理）的问卷调查样本数为450份，其中有效问卷数为355份，无效问卷95份，问卷有效率为78.89%，见表1-1。

本项目针对东北地区消费者的问卷调查样本共计350份，其中有效问卷数为289份，无效问卷61份，问卷有效率为82.57%，见表1-2。

表 1－1　东北地区企业行为与商业惯例问卷调查样本情况表

地　区	调查样本	有效样本	无效样本	问卷有效率
沈阳市	80	67	13	83.75%
长春市	200	172	28	86%
哈尔滨市	80	55	25	68.75%
延边市	90	61	29	67.78
总数	450	355	95	78.89%

表 1－2　东北地区消费者行为问卷调查样本情况表

地区	调查样本	有效样本	无效样本	问卷有效率
沈阳市	120	100	20	83.33%
长春市	60	49	11	81.67%
吉林市	60	46	14	76.67%
绥化市	50	47	3	94%
齐齐哈尔市	60	47	13	78.33%
总数	350	289	61	82.57%

2. 深度访谈调研情况

为进一步深入了解东北地区商业惯例和商业潜规则的现状及其对企业行为的影响，同时也为了弥补问卷调查法不适合开放式问题调查的缺陷，我们在此次调研活动中增加了对企业家的深度访谈和针对企业经营管理人员（主要是销售经理）的焦点小组访谈。调研时间从 2014 年 7 月初开始，到 8 月下旬结束。课题组对东北地区 10 名企业家进行了深度访谈。其中，哈尔滨 2 人，长春 4 人，沈阳 4 人。他们所在的行业包括商业流通、制造业、房地产业、金融、电信运营、医药和服务业等。除 3 人为国企和外企高管外，其余均为企业主。

3. 焦点小组访谈调研情况

本项目共进行 4 次焦点小组访谈，其中在沈阳共进行 2 次（包括1次预调研），在长春市和哈尔滨市各进行1次调研。以下是在上述三个城市进行焦点小组访谈的具体情况介绍。

（1）沈阳焦点小组访谈。在沈阳市共进行2次焦点小组访谈，其中第一次为预调研，第二次为正式调研。预调研时参加人员为5人，来自金融、地产等5个不同行业，除1人为企业主外，其余均为企业经营管理人员。第二次焦点小组访谈参加人数共9人，分别来自7个企业，行业涉及商业流通、房地产、医药和制造业等，与会者均为销售经理。

（2）长春焦点小组访谈。参加长春市焦点小组访谈的为11人，分别来自11家单位，行业涉及通信、金融、零售、政府部门（税务）、医疗和制造业，与会者除1人为税务部门官员外，其他均为销售经理。

（3）哈尔滨焦点小组访谈。参加哈尔滨市焦点小组访谈的共9人，分别来自9个不同企业，行业涉及汽车制造、企业咨询、旅游、外贸、物流、国有农场、合资农业生产、农业机械销售和商业零售等。与会者有2人是企业主，1人为集团高管，1人为财务经理，其余均为销售经理。

1.4　研究成果

通过实地调查，项目组获得了宝贵的、有关东北地区企业行为和商业惯例研究的第一手资料，深入了解了东北地区地域文化的特点与东北人的性格特征，清楚掌握了东北地区企业行为与商业惯例形成的历史渊源，全面获悉了东北地区独特的商业规则和惯例，较为全面地把握了东北地区消费者的消费行为方式。在调查研究的基础上，项目组最终完了《东北地区企业行为与商业惯例研究》一书的撰写。本书的出版，填补了中国在企业行为与商业惯例研究方面的部分空白，为该领域的后续研究奠定了良好的基础。

第2章

东北地区企业经营环境与发展概况

东北地区，从广义上来讲，包括位于中国东北地区的三个省份（即辽宁、吉林和黑龙江）以及内蒙古东部的五个盟市（即内蒙古自治区的呼伦贝尔市、兴安盟、通辽市、赤峰市和锡林郭勒盟）；从狭义上来讲，仅指东北三省。从概念界定上来看，广义上的东北地区的地理范围要大于狭义上的东北地区，同时根据数据、文献等资料的可获得性，大多数研究范围为东北三省，不含内蒙古东部地区的盟市。因此，本课题的研究对象为黑龙江、吉林和辽宁三省，即狭义上的东北地区。

2.1 东北地区企业的经营环境分析

2.1.1 东北地区近年来经济发展的总体情况

2010～2012年，辽宁省企业法人单位从29.4万个上升到37.0万个，吉林省从7.6万个上升到9.0万个，黑龙江省从12.2万个上升到 13.4 万个，都呈现出明显的上升趋势。但各省的增长速度存在一定差异，相比较而言，辽宁省的增速较快，吉林省和黑龙江省的增长速度大致相同。

2008 ~2012 年，辽宁省城镇单位就业人员从 511 万人上升到 599 万人，吉林省从 262 万人上升到 285 万人，黑龙江省从 475 万人下降为 471 万人。在东北三省中，吉林省城镇单位就业人数最少，黑龙江省呈现出少量下降的趋势，辽宁省仍然保持着高速的增长，尤其是 2010 ~2012 年间，就业人数有显著的上升。

2013 年之前，东北三省的生产总值都呈较快上升的趋势，辽宁省生产总值从 13669 亿元上升 24846 亿元，吉林省从 6426 亿元上升到 11939 亿元，黑龙江省从 8314 亿元上升到 13692 亿元。三省的整体经济呈现出良好的发展势头，辽宁省的发展速度最为迅猛。

但近两年，东北地区经济发展趋势放缓，前景令人担忧。统计数据显示，黑龙江、吉林和辽宁 2014 年前三个季度 GDP 增速在中国 31 省市中位居最后五位，其 6% 的增速较全国平均水平落后 1.4 个百分点。更糟的是，2014 年 10 月，东三省工业产出同比仅增长 0.5%，远低于全国 7.7% 的平均水平。东北的制造业占比由 2010 年初的 47% 升至 2013 年的 50%，更惊人的是，2013 年投资占到东北 GDP 的 65%，几乎较十年前翻番。东三省曾经是中国引以为傲的能源、重工业和农业生产基地，而今却集体成为经济发展的“差等生”。

2.1.2 东北地区经济发展的特点

1. 东北地区历史上工业基础雄厚

东北地区是新中国最重要的工业基地，经过多年的开发建设，到2000年左右，东北地区已形成了汽车、塑料、钢铁、石油化工、原煤、机械、食品、医药、电力等为代表的工业体系，在全国工业布局中占据极其重要的地位。其中，2003年，东北地区生产的石油占全国总产量的39%，汽车和轿车的产量分别占全国的22%和21%，金属切削机床占全国的20%，塑料占15%，啤酒占17%，天然气、生铁、钢和成品钢等均占到10%以上①。

2. 东北地区以公有制经济为主，非公有制经济发展滞后

国有经济、国有企业是根和干，非公有制经济、民营经济是枝和叶，没有枝繁叶茂，树就没有生机和活力。东北地区形成了以大连、沈阳、哈尔滨和长春为轴线的东北工业基地，辐射有齐齐哈尔、大庆、吉林、鞍山和本溪等工业城市。其中，辽宁以钢铁和机械重工业为支柱，吉林则是以汽车和新兴的生物医药为主，而黑龙江重在石油和煤炭工业。这些基本上都是公有制经济，非公有制经济的身影很难看到。没有充足的非公有制经济，经济发展容易丧失活力。例如石化工业，东北地区石化产业以油化业起步，时至今日依然没有走出油化业独大的格局，产品不够丰富，产业链条少而短，抗击市场风险和冲击的能力受到很大限制，国有经济和国有企业独大，没有足够的非公有制经济作为补充。这与经济充满活力的江苏、浙江等地区不同，这些地区的石化工业有着规模庞大的民营经济作为支撑，经济充满了活力。

3. 东北地区企业创新力不足，技术劣势明显

创新能力是指一个企业在给定的资源条件下，通过发现新市场、

---

① 国家统计局网站。

利用新要素，推出市场需求的新产品的能力。这需要有能力的企业家。企业家要不断学习，不断创新，从而获得竞争优势。东北地区缺乏有效的创新机制，科技投入少、吸引外资少、人才吸引力不足，这些因素导致了东北地区企业创新力严重不足。而相比之下，中国东部和南方地区，由于创新力较强，获得了很好的发展。

东北地区的技术来源主要是以市场换技术的方式引进，缺乏专利技术的积累和支持。东北的制造业普遍在组装加工环节能力较强，而高附加值的设计、研发和销售服务环节实力不强。即使是一些生产能力非常大的产业，如汽车等，其核心技术和关键装备也仍然主要依赖进口，在关键领域不具备优势。特别是东北地区有深厚发展基础的装备制造业，总体技术劣势也十分明显，航空设备、精密仪器、医疗设备、工程机械等关键技术自给率较低。目前，机械装备类产品总体技术水平处于世界 20 世纪 90 年代初期的水平，自主装备能力亟须增强。同时，长期对国外技术偏高的依存度，还引发了一系列的后续负面影响，如承受引进技术的巨额成本，有的还不得不长期向外国企业支付巨额的技术转让费。有的企业处于跨国公司终端产品的分包加工环节，在全球价值链分工中处于劣势地位且难以掌握产业的核心技术，从根本上影响和制约产业向高层次、高技术价值链推进。

4. 东北地区企业发展的优势与原动力依然存在

根据赫克谢尔－俄林定理，要素禀赋是经济发展具有比较优势的基本原因和决定因素。目前，中国理论与实践研究的代表性结论是：在耕地、劳动力、实物资本和人力资本四大要素中，中国除了劳动力数量方面占有优势外，其他三种要素都无优势可言。但从财务会计视角看，东北地区却同时具有这四大要素的绝对优势和相对优势，而且东北地区依据资源和生产要素的比较优势而选择的产业结构和工业化道路，与其他地区和国家相比也将极具特色①。

总体而言，东北地区的这种优势主要体现在以下几个方面②。

（1）具有劳动力数量多、专业技术人员比例高的优势。通过分析我国各地区国有及国有控股企业年底从业人员数和劳动报酬统计资料发现，东北地区与其他地区相比，劳动力数量多、相对成本比较低，但专业技术人员比例明显偏高。这是我国其他地区和其他国家在工业化发展过程中极为罕见的特色，也正因为如此，东北经济才有效地发挥了“劳动生产率提高速度快于劳动力成本增长速度，而总体成本降低”的经济规律优势。

（2）生产要素的成本较低。有较高技术含量的制造业发展往往伴随着人力资源等生产要素成本的提高。但是近年来，东北地区在制造业水平提高的同时，并没有出现劳动力、土地、资金等生产要素价格的显著上升。现阶段，东北地区在土地价格和劳动力成本上依然比中国东南沿海地区具有较大优势。

（3）东北地区工业以产品品种结构和工业结构创造的“规模经济”优势是中国其他任何一个地区在短期内都无法取代的。

---

① 张德红：“东北地区企业发展的绝对优势与原动力”，《学习与探索》2005 年第 4 期，第 174 页。

② 张德红：“东北地区企业发展的绝对优势与原动力”，《学习与探索》2005 年第 4 期，第 175 页。

（4）在财务上，东北三省工业企业的财务状况和财务变动状况都基本处于良性循环状态，综合经济效益潜力巨大。

（5）东北地区拥有大量的土地供给、丰富的野生动植物和石油、矿山等自然资源，为东北经济可持续发展提供了有力的保障。

（6）东北三省人力资源的平均文化素质高于全国平均水平，甚至高于发达地区。同时，东北地区高校林立，著名学府和科研机构众多，能够为当地经济发展提供强大的智力支援。

5. 东北地区产业集中，但缺乏聚集效应

东北老工业基地作为传统的重化工业聚集区，区内产业联系紧密，具备形成石化产业链、钢铁产业链、装备工业产业链、汽车产业链等产业链条的客观基础。近年来，东北地区借鉴国内外产业价值链建设的经验，在资产重组和企业关联关系建设方面取得新的进步，其中以钢铁行业中的鞍钢、本钢、大连特钢等三大特钢企业的合并最为典型[①]。

但总体而言，目前东北各地区在产业发展上还是机械式的版块结构，聚而不集的问题比较突出，依靠市场机制建立的企业间产业关联没有真正形成，缺乏有效的生产经营和市场协作。由于大中小企业协作配套关系发展极不充分，大企业的产业优势和原料优势得不到有效发挥，使得东北地区主要产业应有的聚集效应得不到实现。如在石化、钢铁等原材料行业中中央企业占绝对优势地位，但中央企业与地方企业长期处于隔离发展的状态。

---

① 李向平，王希文，陈萍：《通向复兴之路》，社会科学文献出版社 2008 年版，第 124 页。

2.1.3 东北地区企业的发展状况

1. 东北地区企业的发展历程

改革开放之前，东北地区是中国最重要的工业基地之一，也是中国经济的发达地区。20 世纪 30 ~40 年代，东北地区的重工业建成了较为完整的工业体系，成为东北亚最先进的工业基地。新中国成立以后，基于已有的工业基础和与苏联比邻两个因素的综合考虑，许多重工业建设的项目也都被安排在东北展开，东北地区成为国民经济建设的重点地区，开始了大规模的工业化建设，推动了城市的快速发展，是东北现代化城市快速发展及形成自上而下城市化发展模式的关键时期。如在长春投资建立了汽车制造业，成为中国有名的汽车城；在哈尔滨，形成以机电工业为主的新兴工业城市；在哈尔滨至大连、哈尔滨至齐齐哈尔铁路沿线的城市，进一步发展壮大，形成以机械加工、石油、化工、金属冶炼、电力等重化学工业为主的工业城市。以工业城市为主体，形成哈大、哈齐产业带和长吉工业区。并以特大城市为核心，形成若干个城市组团。其中，辽中南城市群是中国最重要的城市密集区和重工业基地①。

因此，东北地区基础工业发展得十分稳固和坚实。改革开放以来，受到国家宏观经济政策调整的影响，东北地区的经济发展虽然也取得了一定成就，但与经济发达地区相比，其发展速度还是明显

① 宋玉祥、陈群元：“20 世纪以来东北城市的发展及其历史作用”，《地理研究》2005 年第 1 期。

减缓，发展成效相对不足。为了重新激发东北老工业基地的发展活力，实现东北地区经济的新一轮大发展，早在 2003 年 10 月，中共中央、国务院发布了《关于实施东北地区等老工业基地振兴战略的若干意见》，明确了实施振兴战略的指导思想、主要方针和政策措施，标志着东北老工业基地振兴的步伐正式迈开。在之后的 11 年内，国家不断加大对东北老工业基地的扶持力度。如 2014 年，东北地区等老工业基地将重点推进七个方面的工作，一是协调推动全面振兴东北地区等老工业基地政策文件出台，研究制定重点任务分工落实方案。二是进一步深化国有企业改革。结合国企改革遗留问题，研究中央企业与地方协同发展的政策；推动老工业基地加快发展混合所有制经济；结合金融体制改革，探讨金融支持老工业基地调整改造新途径；加快推进国有林区与垦区的改革。三是研究支持老工业基地发展现代服务业，推进东北文化产业大发展的政策措施，研究支持老工业基地企业并购海外科技型企业的有效途径。四是全面推进全国老工业基地调整改造工作。五是继续大力支持资源型城市和独立工矿区可持续发展。六是进一步深化对外开放和区域经济合作，加强中俄地区合作，完善提升中俄地区合作机制，推动中俄毗邻地区开展一批优秀合作项目，扩大地区合作范围；继续推进黑瞎子岛保护与开发开放；进一步完善东北四省区行政首长协商机制，大力推进东北地区内部次区域合作；推动东北地区与渤海地区互动发展。七是协调推进东北地区农业、生态和基础建设①。

---

① 发改委："七方面工作推进老工业基地振兴"，《中国工业报》2012 年 2 月 12 日。

2. 东北地区不同性质的企业发展现状

从企业数量来看，私营企业数量在 2008 ~ 2010 年间逐渐增加，2010 年之后则有小幅度的下滑；国有企业数量自 2008 年以来逐年下降，到 2011 年之后基本保持稳定。

从销售产值来看，私营企业销售产值自 2008 年以来每年以大约 25% 的速度上升，其中 2009 ~ 2010 年上升幅度较大；国有企业销售产值在 2008 ~ 2009 年有短暂下滑，2009 年之后以每年 15% 左右的速度上升。

从资产总计来看，私营企业资产总计自 2008 年以来每年平均增加 1500 亿元左右；国有企业资产总计自 2008 年以来每年平均增加 2500 亿元左右。

从主营业务收入来看，私营企业主营业务收入自 2008 年以来每年平均增加 30% 左右；国有企业主营业务收入在 2008 ~ 2009 年有小幅度下滑，2009 年后每年平均增加 20% 左右。

从利润总额来看，私营企业利润总额自 2008 年以来每年平均增加 30% 左右；国有企业利润总额在 2008 ~ 2011 年间逐年上升，但 2011 ~ 2012 年有所下滑①。

对比同期中国其他地区的发展数据，东北地区国有企业所占的比重和所创造的产值比例远高于其他地区，而私营企业则处于落后地位。下面我们分别对东北地区国有企业和私营企业的发展状况做一具体分析。

---

① 国家统计局网站。

（1）国有企业。东北地区平均每个省国有工业企业数量约 440 个，明显低于东部地区的平均水平（约 680 个）和中部地区的平均水平（约 650 个），略高于西部地区的平均水平（约 390 个）。

东北地区平均每个省国有工业企业销售产值约 8400 亿元，低于东部地区平均水平（约 9500 亿元），略高于中部地区平均水平（约 8000 亿元），明显高于西部地区平均水平（约 4000 亿元）。而平均每个国有企业的销售产值，东北地区明显高于全国其他地区。

东北地区平均每省国有工业企业资产总计约 10000 亿元，低于东部地区平均水平（约 11000 亿元），几乎等于中部地区平均水平（约 10000 亿元），明显高于西部地区平均水平（约 5000 亿元）。而平均每个国有企业的资产总计，东北地区明显高于全国其他地区。

东北地区平均每省国有工业企业固定资产总计约 9900 亿元，明显高于东部地区平均水平（约 7300 亿元）、中部地区平均水平（约 6600 亿元）和西部地区平均水平（约 4000 亿元）。而平均每个国有企业的固定资产总计，东北地区明显高于全国其他地区。

东北地区平均每省国有工业企业主营业务收入约 9000 亿元，低于东部地区平均水平（约 11000 亿元），略高于中部地区平均水平（约 8300 亿元），明显高于西部地区平均水平（约 4000 亿元）。而平均每个国有企业的主营业务收入，东北地区明显高于全国其他地区。

东北地区平均每省国有工业企业利润总额约 660 亿元，略低于东部地区平均水平（约 680 亿元），明显高于中部地区平均水平（约 460 亿元）和西部地区平均水平（约 400 亿元）。而平均每个国有企业的利润总额，东北地区明显高于全国其他地区①。

---

① 国家统计局网站。

由以上的对比可以看出，东北地区的国有企业整体发展水平略低于东部地区，高于中部地区和西部地区。但是，东北地区国有企业的各项数据的平均值都远远高于其他地区，说明东北地区的国有企业的单体规模要超过全国其他地区。

总体来看，在产业结构上，东北地区的国有企业与民营企业的比重（大约3∶1）远远超过东部沿海地区（约3∶2），和中部地区比较接近，说明国有企业在东北地区的产业结构中依然占据着相当重要的地位。

（2）私营企业。东北地区平均每个省私营工业企业数量约5100个，明显低于东部地区的平均水平（约11000个），稍微低于中部地区的平均水平（约6200个），明显高于西部地区的平均水平（约1300个），虽然与东部地区存在很大的差距，但与中部地区相差不大。

东北地区平均每省私营工业企业的销售产值约7500亿元，明显低于东部地区平均水平（约15000亿元），稍微低于中部地区平均水平（约9000亿元），明显高于西部地区平均水平（约2500亿元）。而平均每个企业的销售产值，各个地区之间的差异并不明显。

东北地区平均每省私营工业企业资产总计约3300亿元，明显低于东部地区平均水平（约8500亿元），稍低于中部地区平均水平（约3600亿元），明显高于西部地区平均水平（约1500亿元）。而平均每个私营企业的资产总计，各个地区之间的差异并不明显。

东北地区平均每省私营工业企业固定资产总计约2700亿元，明显低于东部地区平均水平（约3700亿元），稍高于中部地区平均水平（约 2400 亿元），明显高于西部地区平均水平（约 800 亿元）。而平均每个私营企业的固定资产总计，各个地区之间的差异并不明显。

东北地区平均每省私营工业企业主营业务收入约 7600 亿元，明显低于东部地区平均水平（约 15000 亿元），稍低于中部地区平均水平（约 9000 亿元），明显高于西部地区平均水平（约 2500 亿元）。而平均每个私营企业的主营业务收入，各个地区之间的差异并不明显。

东北地区平均每省私营工业企业利润总额约 550 亿元，明显低于东部地区平均水平（约 1000 亿元），低于中部地区平均水平（约 750 亿元），明显高于西部地区平均水平（约 200 亿元）。而平均每个私营企业的利润总额，各个地区之间的差异并不明显。

由以上的对比可以看出，东北地区的私营工业企业在发展水平和规模上与东部沿海地区相比有相当大的差距，与中部地区的发展水平比较接近但稍有不足，明显超过了西部地区。同时，在不同的地区和省份之间，私营企业的产值、资产规模、主营业务收入和利润的平均值都比较接近，也说明在全国范围内单个私营企业的发展规模都处在一个相对接近的情况。

总体来看，在东北地区，私营企业和国有企业相比在资产规模上仍然有不小的差距，但是从增长速度上看，近 5 年来私营企业的收入和利润的增长速度要明显超过国有企业。同时，辽宁省的私营企业发展速度和规模都要远远超过吉林和黑龙江两省，已接近东部地区的水平。

2.2　东北地区地域文化及企业家特质

2.2.1　东北地区的地域文化

1. 东北地区地域文化的变迁

东北地域文化历史悠久，主要为地方民族文化、中原汉族文化、外来殖民文化的融合。其中，地方民族文化包括满族的农耕文化、蒙古族的游牧文化、鄂伦春族、达斡尔族的狩猎文化以及赫哲族的渔猎文化等；中原汉族文化是中原汉族地区早期的“流人”文化和后期的中原移民所带来的文化，逐渐发展成为东北地区的文化主体；外来殖民文化主要是近代帝国主义的入侵和外国移民的迁入而形成的，对东北地区城市建设、宗教、经济、生活等方面都有一定的影响。

东北地域文化的发展演变主要经历了以下六个时期。

（1）早期的渔猎—农耕—游牧文化。受东北地区东部山区、中部平原和西部草原的自然条件影响，东北地区早期形成了相应的渔猎民族、农业民族和游牧民族，2000 多年来一直维持着以东部的渔猎、中南部的农耕和西部的游牧为主的社会文化结构，直至清朝大量移民的涌入才得以改变。早期的东北地区是一个多民族聚居地带，各民族的文化相互融合，形成多元统一的文化格局，表现出带有鲜明地域特色的少数民族文化特征。

（2）清朝封禁时期的“流人”文化。为保护满洲的民族文化和风俗习惯不被汉文化所同化，清政府于康熙七年（1668 年）取消了拓民垦荒令，并修筑柳条边，将柳条边外地区设为蒙古族游牧区和满族渔猎区，严防关内汉族居民进入禁地，自此开始了对东北地区 200 多年的封禁政策。封禁政策不仅严重阻碍了东北地区的开发进程，同时也关闭了东北地区与中原地区文化交流的大门。在封禁期间，东北地区的文化主要是以流人和流民为主体的文化，流民大都是通过“泛海”“闯关”而偷渡进入东北地区的人口，流人则主要是大批政治犯和思想犯。

封禁时期的流人文化对东北区域文化的影响主要体现在：第一，流人将汉文的大批典籍带到了东北，起到了传播文化的重大作用；第二，流人以教书谋生计，使他们成为中原传统文化和思想在东北的主要传播者，极大地推动了当地教育的发展；第三，流人积极从事学术研究活动，留下了一批传世名作和文学精品，为东北文化增添了新内容。

总体来看，流人文化以另一种形式促进了中原文化和江南文化在东北地区的传播，为东北地区的文化发展注入了活力，也构成了封禁时期东北地域文化的主体内容。

（3）封禁政策解除后的移民文化。移民文化的第一个时期是咸丰年间，由于内有太平天国等农民运动之患，外有俄日进疆之忧，清政府被迫解除封禁政策，开始推行移民支边。这一时期的移民主要是农业开垦者及少量的手工业者，他们一方面促进了东北文化的融合，另一方面加快了东北农业的开垦与手工业的发展。外来移民带来了较为先进的农业生产技术，再加上充足的劳动力，使耕地面积大幅度提高，粮食产量不断增加，提高了东北地区的农业生产水平。

移民文化的第二时期是民国时期和伪满统治时期，形成了历史上著名的“闯关东”移民高潮。19 世纪末，中原地区连年遭受自然灾害，导致农民不顾禁令越过柳条边墙，进入满洲的龙兴之地进行垦殖，把中原的农业文明带入东北，史称“闯关东”。一方面，“闯关东”体现了东北人开拓进取的创新精神和战天斗地的无畏品质；另一方面闯关东的移民带来了传统中原汉族的底层文化，具有典型的小农意识特征。这些移居东北的中原人在关内多是生活在社会底层，他们“闯关东”是为了谋生而不是追求更高层次的发展①。所以，在温饱得到满足后，多数人便安于现状，不再进取。

在这些“闯关东”的移民中，以山东、河北、河南三省人数最多，其中山东省移民占 70% ~80% 。此时的外来移民不仅在农业和传统手工业等方面对东北地区的社会经济产生影响，同时也促进了东北地区的近代工业和城市的发展。大量来自山东等地的移民充当廉价劳动力，从事采矿、修筑铁路、冶炼、搬运等工作，为东北地区的近现代化发展发挥了重要的作用。随着大规模的“闯关东”移民进入东北，开辟了齐鲁文化、中原文化与东北地域文化相融合的态势，而“闯关东”移民文化形成的开拓进取、勤劳勇敢、艰苦奋斗、自强不息的精神已经成为东北地域文化的重要组成部分。

（4）沦陷时期的日俄殖民文化。19 世纪末 20 世纪初，即晚清

---

① 姜威：“地域文化传承与东北经济发展”，《商业研究》2012 年第 12 期。

末年，西方列强入侵中国，1889 年，沙俄取得中国东北的铁路修筑权，1905 年日俄战争后，日本割占了大连。1931 年“九一八”事变，日本占领了整个东北地区。受到西方殖民主义（俄国和日本）的影响，原本处于正常发展演变状态的东北地域文化受到冲击。俄国的殖民文化对“北满”地区（以黑龙江省为主的东北地区北部）的影响较深，主要体现在宗教、俄化教育、报刊宣传等方面，同时在城市建筑风格、饮食文化等方面也不同程度地受到影响。日本对中国东北地区的文化统治和输入更为强烈，其主要手段包括：灌输奴化思想，推行愚民政策；强行以日语为“国语”；破坏教育事业；打击文化事业；迫害文化名人；毁灭历史遗迹；掠夺和破坏文物等。日本的殖民文化输入对东北地区产生了深远的影响：首先，破坏了东北地区社会经济的正常有序发展，但在客观上开启了东北地区“殖民工业”的工业化进程；其次，给东北地区人民带来了严重的精神和思想毒害，阻碍了地域文化的进步和发展；第三，客观上促进了东北地区的城市化进程和城市的近代化发展。

总体来看，沦陷时期东北地域文化的特点是外来文化与东北地区的多民族文化之间的互动和交流极为频繁，但是这种互动和交流是强权的、侵略的、殖民地半殖民地的多元文化互动；在殖民主义者的破坏、冲击和奴役下，被迫接受了殖民地的工业化和城市化过程，客观上导致东北地域文化从一个移民为主的嵌入型农业社会转向工业化社会的起步阶段。

（5）新中国成立后的单一创业文化。新中国成立后，为快速恢复与建设东北地区的经济结构体系，国家对东北进行了大量的人力、物力和财力支持，广大工人、农民、知识分子热情高涨，在东北地区开疆扩土，大干事业，形成了具有东北地域特色的创业文化。这一时期的“铁人精神”“北大荒精神”是新中国成立后东北地区创业文化的典型代表。

考虑到东北地区所蕴藏的丰富资源以及当时复杂的国际大环境，国家将东北地区作为战略大后方进行重点建设，东北地区的机械、石油、化学、冶金等工业部门的产值占全区工业总产值的近60%，居全国各大区之首，形成了典型的重化工业生产功能。在东北地区的经济建设过程中，孕育出了中国产业工人团结协作、艰苦奋斗、无私奉献的优秀品格，而工业文化和都市文化的积淀，直到今天，仍然是振兴东北老工业基地的主流文化动力。

但是，这一时期的东北文化是单一的、保守的、封闭的，这一特征阻碍了多元文化的交流与互动，是计划经济体制下的寄生文化。这些文化现象在国有经济中的比重很高，政府干预企业经营管理活动，国有企业素质低下，并对政府的扶持有很强的依赖性，这就造成了主要利益相关者对改革持消极态度，文化缺乏活力，没有能动性和激励性，注重权利，抑制个性和经济自由。

（6）社会经济转型期的创新文化。随着改革开放的深入和社会主义市场经济体制的确立，东北老工业基地的发展逐渐呈现出衰退迹象，出现了经济增长乏力、企业经济效益大幅滑坡、大量职工下岗等现象。其主要原因在于，由计划经济向市场经济转型的过程中，东北地区长期形成的惯性思维以及对政府和国有大中型企业的严重依赖，束缚了经济发展的活力，文化和制度的演变滞后于整体经济环境和经济政策的变化，导致东北地区无法适应市场经济的规则和变化。这些都表现出了东北地区人们的惰性、无竞争意识和缺乏创新思维，与东南沿海地区的开拓创新、大胆创业、商业冒险等形成鲜明对比。东南沿海地区的个体私营经济迅猛发展，而东北老工业基地则转型困境、持续落后。东北地区文化如何在全球化的浪潮中向现代化转变，是推动东北工业发展、工业振兴的关键所在。

进入社会经济转型期，东北地域文化的转变主要体现在四个方面：一是由传统的重感情、重义气等非理性主义开始向重效益、重实际的理性主义转变；二是由传统的不思进取、安于现状的低成就动机向敢于竞争、勇于创业的高成就动机转变；三是由过去的重礼仪、轻功利的文化行为向重利润、讲成效的经济行为转变；四是由传统的故乡为本、家庭为重的乡土观念向四海为家、事业为重的开放性观念转变。这种文化转变的趋势已经出现在现实社会中，但转变的幅度很不明显，目前东北地区的地域文化事实上还是比较符合转变前的状态。

2. 东北地区地域文化的特点

（1）文化根基与文化底蕴薄弱。东北地域文化的文化根基与文化底蕴薄，一定程度上体现在地域文化缺乏规范的教化，且存在文化表层性、杂糅性等特点。由于文化底蕴不足、人文发展落后，直接导致区域历史感缺失，对事物进行认知、评价的知识传递和经验水平都比较低，在行为方式上往往表现出行为举止过于粗犷，缺少文化规范的教化作用。

从东北地域文化发展演变的历史来看，东北地域文化是原住民的原始多神崇拜的满蒙文化、关内移民带来的浅层汉文化和外国流民文化的混合产物，加之东北村屯是杂姓而居的移民社区，原有迁出地的宗族组织被拆解，其约束力和控制力消解，家族士绅的伦理规范和教化作用减弱，靠“义”连接的非正式组织代替家族组织的作用，导致东北民众对模仿、流行、时髦等社会心理和行为方式等表层的外来文化吸收较快，而对观念变革等深层文化的吸收较慢，呈现出一定的思想僵化。

（2）文化发展的不完全和不成熟。东北地区长期处于文明的较低级阶段，渔猎文化、游牧文化占据主导地位。中国的主导文化很早就进入到了文化成熟的“轴心时代”，而东北地区由于较低的社会经济发展水平并没有形成一个根深蒂固的儒家文化根基。近代的外敌入侵、国家内部动荡也给东北社会带来深刻影响，并没有形成一个良好的传统文化培育与发展的氛围。新中国成立后东北地区的重工业急速发展，尽管极大地促进了东北地区的工业化、城市化进程，但也具有一定程度上迫于外来压力而被动前行的特点。

总体来看，东北地域文化存在一个较为突出的问题是其文化发展处于一个相对不成熟、不完全的过程，主要表现在以下几个方面：首先，在东北地域文化中并未形成典型的理性思维习惯；其次，以萨满教文化为代表的原始文化想象力在东北传统文化中仍占有重要地位；第三，用文字表述的知识积累很少，没有出现具有一定规模的、广泛普及的经典文本；第四，并没有形成一个能够指引其文化前进方向的核心价值观念。中华民族文化是以“道德”为中心的文化，其主导文化是自觉形成的，且有系统的理论著作和深入的理性思考，而东北地域文化却是以“生存”为中心的，是自然自发状态的、原始朴素的且更多世俗化倾向的文化，其思维方式往往是感性的而非理性的，其价值取向往往是世俗的、实用的[①]。

（3）缺乏商品意识和创业意识。由于东北地区特殊的自然地理环境和长期处于资源型农业社会的状态，导致东北地域文化商品意识严重不足，缺乏敢于冒险、创新的商业传统和创业意识。特别是改革开放以后，与广大沿海地区相比，东北地区的商品经济意识非常薄弱，在江苏、浙江、广东等地大力发展民营经济的时候，东北人仍处于小农意识和计划经济体制观念的束缚之中。

由于东北地理环境相对封闭，且长期处于资源型的农业社会，使得农民较容易获得生活资料，人均占有资源也相对丰富，因此，以满足自我需要为最终目的自给自足的家庭式生产成为东北地区主要的农业生产方式。这种浓厚的小农意识和封闭的文化心态极大地限制了人们继续发展的空间，导致民众大多安于现状，不求继续致富。与此同时，东北文化的主流是中原传统的农业文化，使得东北人重农轻商的观念根深蒂固，既缺乏商品交换意识，又缺少市场竞争意识和成本、商品以及扩大再生产的意识，商品经营行为较少。改革开放以来，虽然东北人的轻商意识有所改变，但是对经商仍心存畏惧，多数人宁愿外出打工或者从事报酬较低的“稳定”工作，也不愿从商致富，这也是导致东北地区民营经济发展长期处于落后

① 许宁，李威：《别样的白山黑水——东北地域文化的边缘解读》，黑龙江人民出版社 2005 年版，第 177 页。

状态的一个原因。

(4) 文化思维重感性而轻理性。东北人重义轻利，重视感情，缺乏理性，这既是优点同时更是缺点。由于东北地域文化底蕴相对不足，没有深厚的文化基础和文化根基，因此缺乏来自主体意识方面的理性启蒙，缺少理性思维的习惯和能力。

这种地域文化特征对社会经济发展产生了一定的负面影响。主要表现在：首先，东北地域文化中重义轻利的价值偏好与市场经济追逐利润和对物质利益重视的价值取向存在一定的矛盾。其次，东北人容易感情用事，常常缺少理性思考和独立的主体意识，这就决定了东北人更易于接受浅层的、物质技术层面的文化，而对于高层次的、精神层面的文化相对不敏感，势必造成服从心理和依赖意识，经济社会缺乏持续发展的动力。再次，东北人常常重感性而忽视理性，使得正常的人际关系变成了一种含糊的义气，造成以“关系”为主的社会交往规则盛行，压抑了人才自由成长的空间，剥夺了公平竞争的机会。最后，东北人爱讲义气，不愿言利，正当的游戏规则被感性所取代，导致东北人缺乏契约精神，人治代替了法治，正常途径完全可以解决的问题，需要靠人情拉关系，不利于讲究规则和法律的市场经济在东北地区的健康发展。同时，群众的创新精神及其原始的经济驱动力遭到压制，严重阻碍了区域市场经济的建设和发展。

(5)“官本位”思想严重。长期受到计划经济体制的影响和制约，东北地区的“官本位”思想意识非常严重。在以行政为主导的高度集中的经济运行体制下，企业往往成为国家权力机构的附属品，本应起到资源配置作用的市场机制被行政意志所取代，这对东北人的社会生活，尤其是对东北人的价值观念和思维方式产生了深刻的影响，形成了他律性权威主义人格和心理定势。

在“官本位”思想下，创新精神、冒险精神被抑制和排斥，而那些善于听命和毫无创造性的人则容易得到鼓励和奖励。“官本位”思想使东北人陷入了一种“唯权利论”的拜权主义的扭曲观念中，形成了对权力和领导强烈的依赖心理，更多的是寻找人脉资源、积累社会关系、发展社会网络，而不是依靠自己的能力去解决问题；“做官”而非“创业”成为衡量个人价值的主要指标，将追求仕途的升迁看作是实现人生观、价值观的有效途径；遇事不敢负责、不敢创新和探索，而主要以个人利益为重。

这种官本位思维方式与生活态度导致人们的经济社会行动不计成本、不计效益、不计后果、不重规则、不重能力，只注重人际关系，只考虑掌握权力资源的那个阶层的利益，进而破坏了市场经济秩序，提高了整个社会的经营成本，不利于全民创业氛围的形成，成为体制、组织和文化创新的障碍和阻力。此外，“官本位”意识还容易滋生腐败、助长官僚作风，破坏经济发展的软环境，阻滞区域经济的健康发展，这必然导致整个东北地区经济社会发展的滞后。

2.2.2 东北地区的企业家特征

从东北地域文化的特征以及一些有关东北企业家特质的文献可以反映出人们一些普遍的行为模式和思想观念，对从宏观、整体的角度分析东北企业家特质提供了依据。

由此可以推测东北企业家在以下几个方面可能存在行为共性。

（1）义字当头，重义轻利，感性多于理性。

（2）擅长交际，依赖关系，重视人脉资源。

（3）安于现状，不愿打破常规，遵循特定的市场秩序。

（4）缺乏足够的竞争意识、创新思维和冒险精神。

（5）重面子，官本位，强勇弱文。

东北地区民营企业家的个性往往比较符合所谓的“东北人”特质，例如豪爽大方、粗中有细等。在企业间的相互合作交往中，往往核心人员的私人关系起到重大作用，具有典型的中国式关系营销的特征。最典型的东北企业家应该是那些在改革开放浪潮中率先“下海”，并且在这些年的竞争中最终成长为行业领头羊的企业领导者。这些人既具有东北人重义轻利的特点，也拥有一定的冒险精神和创新精神，这两者的结合造就了“东北特色”的企业家。虽然改革开放后东北地区企业家在创新精神等方面有了很大的提高，但是这种改变不够彻底，从整体上看，企业家依旧缺乏创新精神，在商业上、思维上缺乏独特的视角，思考问题不全面。从与东南沿海地区的青年企业家的对比来看，东北地区由于理工科高校云集，理工科教育使得人严谨，遇事讲程序，加上长期的计划经济束缚，东北地区企业家具有较强的对新事物的认知能力，但是在实践能力上，因为条条框框的束缚缺乏较强的实践能力；东北企业家普遍缺乏创业精神，注重眼前利益，“创造财富”和“创业”的动机处于较低层次；受“官本位”的意识影响，企业家更加注重权力，而且更加看重金钱和财富；狭隘的群体主义，看重个人利益，把金钱和家庭放在重要地位，而企业生存和发展放在相对次要的位置；由于对“圈里人”和“圈外人”态度截然不同，这种思维方式用在商业上就变成了毫无原则的互信、互谅、互助和互让等，因而企业家的法律规范意识比较薄弱；由于缺乏个性以及好奇心，东北企业家的创新精神明显偏弱。

2.3 东北地区不同类型企业的经营战略

2.3.1 大型国有企业的经营战略

东北企业的分布结构非常特别。首先，在整个产业链最前端的是几家大型资源类国企，如鞍钢、大庆油田、鹤岗煤矿等。这几家企业规模巨大，是下游所有产业的基础和原料供应商。东北大部分的企业都是围绕着这几家大型资源类国企分布的。这几家国企是东北经济的支柱，它们和政府的关联非常紧密，具有一定的市场垄断地位。

新中国成立以前，东北是西方资本主义列强疯狂掠夺的殖民地；新中国成立后，东北工业发展属于要素高投入、资源高消耗的传统模式，经过一个多世纪的过度开采，曾经让东北自豪的许多资源如有色金属、煤炭、石油、木材等已无优势可言，有些甚至已经枯竭。辽宁省 7 个煤炭矿区除铁法区外都不同程度地出现萎缩，煤炭产量逐年下降。黑龙江省大庆油田可采储量只剩下 7.45 亿吨，连年开采使大庆油田进入高含水后期开采阶段，生产成本增加，产量递减加快。中国最大的森林工业基地伊春，16个林业局已有12个无木可采，可采的成熟林只剩下1.7%，可采木材不足500万m^3。由于长期过度消耗森林资源，吉林省东部长白山林区可供开发利用的森林资源已砍伐殆尽①。

长期以来，东北老工业基地国有企业生产成本过高，而工艺水平却偏低，质次价高，使得东北大中型企业产品竞争力持续处于低谷，市场占有率低度化，产品滞销造成库存积压，资本周转困难，形成恶性循环，严重影响着企业的经济效益，束缚了企业的发展。加之近些年来由于世界经济增长缓慢，总体滑坡，国际市场循环对国内市场的影响对于国有企业更是雪上加霜，有些企业甚至濒临破产境地。这便是今天我们所看到的东北老工业基地国有企业不景气的现象②。

2.3.2 中小型企业的发展战略

在东北地区的每一个产业当中，都会有几家中等规模的企业和许许多多小规模的企业，它们在每个地域内集中分布，形成一个个产业集群。

在一个以中小企业集群为发展模式的行业中，不会存在非常激烈的竞争状况，而是形成一种以中型企业为“带头大哥”、众多小型

---

① 林跃平、高峰、赵红菊：“老工业基地面临的挑战和振兴的出路”，《西安科技大学学报》2003年第1期。

② 王荣华：“东北老工业基地国有企业改革问题及对策研究”，《商业经济》2012年第6期。

企业为“小弟”的稳固发展模式。

以防水材料行业为例，东北地区一共有三家规模较大的中型企业，而在这三家企业周边围绕着很多同样生产防水材料的小型企业。由于这个产业的主要原料是沥青，因此它的分布也主要集中在大庆、盘锦等油田周围。这三家中型企业领导和控制着整个行业的发展，它们的产品质量和品牌都远远胜过那些小企业，销售价格更高，利润也更为可观。但是，它们只做产品线中比较高端、利润丰厚的部分，而将那些低端、利润空间小的部分全部让给小企业。通俗地说，这种企业集群发展就是“大哥吃肉，小弟喝汤”的模式，但这也保障了小企业的生存空间。当然，在小企业之间还是存在着激烈的恶性竞争，但是完全无法威胁到这三个“大哥”的地位。而一家小企业想要成为“大哥”，从技术层面和资金层面都存在着很大的难度，而且东北人重义轻利的文化特征也使得这种做法在实际中很难生存。因此，这种中小企业集群成为类似行业中的主要发展模式。

东北地区的中小企业集群往往都属于发展潜力并不太大的传统产业。这是因为小企业因实力有限，在产品研发和技术革新上几乎没有投资，很难在竞争激烈的高新技术产业生存和发展；而在产业集群中处于领导地位的中型企业虽然会在生产技术上有所投入，以维持自身的产品优势和利润空间，但这种投入往往受东北地区保守、小富即安的地域文化的束缚，使得投入偏低。因此，中型企业也很难在传统产业以外的领域获得发展，由此形成了独具东北地区特色的中小企业产业集群经营模式。

2.4 总 结

改革开放之前，东北地区是中国最重要的老工业基地，也是中国经济最发达的地区之一。改革开放以后，伴随着计划经济向市场经济的转变及能源矛盾，东北老工业基地逐渐衰落，经济增长乏力，前景令人担忧。2014 年，辽宁、吉林、黑龙江三省的经济增速分别是5.8%、6.5%、5.6%，位列全国后五位，不仅低于全国 7.4% 的GDP 增速，更是滑出了经济合理区间的底线。

当前东北地区总体经济形式呈现出如下的特点：历史上工业基础雄厚，但产业结构不合理，竞争乏力；经济发展以公有制经济为主体，非公有制经济发展落后；东北地区企业创新力不足，技术劣势明显；东北地区的产业集中，但缺乏聚集效应。虽然东北经济面临着较为严重的困境，但东北地区企业发展的优势与原动力依然存在。

与整体经济的衰落相对应，东北地区的企业经营现状也让人担忧。由于历史的原因，东北企业以国有企业为主体，这些企业的身上有典型的计划经济体制特征，市场竞争意识严重不足，对外界反应迟缓且容易自我满足。对比同期中国其他地区的发展情况，东北地区国有企业所占的比重和所创造的产值比例远高于其他地区，而私营企业则处于落后的地位。当前国有企业的不景气是造成东北地区整体经济低迷的最重要原因。

东北地区的企业文化和企业家特质是东北地区独特地域文化的

反映。东北的地域文化造就了东北人粗犷豪放、待人热情、不拘小节又相对封闭保守、小富即安的性格特点。与地域文化相适应，东北地区的企业家呈现出义字当头、感性多于理性、依赖关系、安于现状、官本位，以及缺乏足够的竞争意识、创新思维和冒险精神的特点。

东北地区的企业类型主要分为大型国有企业和其他中小型企业。前者处于整个产业链的最前端，规模巨大，是下游所有产业的基础和原料的供应商。东北地区大部分的企业都是围绕着这几家特大型国有企业而存在。这些超级大国企与政府的关联非常紧密，享有政府的政策支持，主要依赖相对垄断的市场地位和丰富的自然资源来获得发展。东北地区的中小型企业主要以产业集群的方式存在，主要集中于缺乏发展潜力的传统产业，往往是围绕某一个核心企业来提供配套产品，企业的创新精神不足，总体实力有限。

第3章

关系与东北地区企业行为

中国是一个关系取向十分明显的社会，无论是个人还是企业在遇到问题时通常会想到“找关系”，这一认识早已深入到中国人生活的方方面面。企业的生存与发展同样离不开关系本位的社会土壤，中国的企业也许是全世界最重视关系的企业，关系网络的建立与维护或多或少会影响到企业经营的成败。关系已经成为研究东北地区企业商业惯例的重要组成部分，本章将从义利观、政府关系以及招投标、招聘中的关系行为角度来具体分析东北企业行为中的“关系”问题。

3.1 义与利对企业行为的影响

中国人的人生哲学总是围绕“义利”二字打转，义与利既对立又统一，从古至今，义利关系也是思想家们争论的焦点。

墨家创始人墨子认为“义者，利也”，从这一观点可以看出，墨子认为义和利是不可分割的统一体。

法家代表人韩非子推崇法崇尚利。他认为，利有公利和私利之分，百姓追求私利，但统治者应该追求公利，统治者必须公私分明，明法制。同时韩非子又认为，人都有追求义利的本性，从而难免有时候被利益冲昏熏心，因小利而损大利，但人们需要从长远利益出发，在短期，放弃与大利相悖的小利，但其归根结底，还是在单纯地追求利，只是眼光放的更长而已。

在中国历史上占据主导地位的是儒家思想，其代表人物孔子、孟子和荀子对义利观也有比较详细的阐释。创始人孔子在《论语》中写道："君子喻于义，小人喻于利"，由此可见，孔子主张"重义轻利"。其后的思想继承者孟子，进一步发展了孔子义重于利的观点，如"欲知舜与跖之分，无他，利与善之间也"，"王何必曰利？亦有仁义而已矣"，在义与利发生冲突的时候，孟子主张舍生而取义。荀子认为"义与利者，人所两者有也"，但他同时主张，义先于利。从这三位儒家思想的大家的观点来看，儒家认为义重于利，但不排斥利。

在新的历史时期，企业在经营管理过程中应当正确处理义与利的关系，形成合理的、科学的义利观，这对于企业的长远发展至关重要。那么，面对义与利的抉择，企业应当何去何从？义与利是完全矛盾还是辩证统一？义利观又如何影响着企业的经营发展？中国的东北地区在义利观上又秉持着什么样的态度？这些疑问在接下来的讲述中将一一解开。

3.1.1 义与利的含义

"义"，从其古代字形来看，"義"上面的部分代表的是"羊"，在古代羊代表的是一种财产，也象征着牲口祭祀，而下面的“我”表示兵器，又可表示成仪仗；“利”，在甲骨文的记载中，表示用镰刀等农用器具进行农业生产活动，人类的文明发展离不开农业的发展，到春秋时期，“利”有了经济学上的概念，如我们通常所说的“货财之利”。从“义”与“利”的字源来看，这两个字都与经济利益有关，但两者的侧重点不同，利表示直接的物质上的利益，而义侧重于对于物质利益的保护以及捍卫。

从其直接的内涵来说，“义”是指公正合宜的道理或举动，合乎正义、公正的举动以及情谊等等，属于一种道德原则，是社会伦理规范的范畴；“利”是指利益、利润，在商品经济活动中资金增值的部分。从这一层面上来说，这两个概念在某些情况下会发生冲突，因为利益的获得有时候来自于不符合公正的举动。

3.1.2 义与利的关系

正义，在个人层面其端正行为，符合道义；在社会层面，其建立公正公平道义的制度。谋利，即谋取利益。作为同一个问题的两个方面，前者是人性光辉所在，后者是生命延续所据。正其利当谋其义，就是以义率利，义利兼得。这一立场，可以从义利关系的理性认识和义利取舍的社会实践方面得到证明。

首先，从义利关系的理性认识来看，第一，义利关系是辩证的，利是义的存在基础，义是利的价值导向。正义而谋利，所谓“仓廪实而知礼节，衣食足而知荣辱”。第二，义利关系是动态发展的。谋利，促使人们既谋生存之利，更谋发展之利，既谋个人之利，更谋天下公利。正义，推动人们谋利有道，取舍有度，利已利人，共谋发展。无义之利，就会危害个人发展，社会进步。无利之义，必然是空洞的悬谈①。

其次，从义利取舍的社会实践来看。第一，正义而谋利是社会历史发展的主旋律。一方面，人类一直以谋利为生存奠基，以治恶为历史动力。另一方面，人类一直以正义战胜邪恶，使得谋利的效率的追求被正义的道德规则所规定、所推动。从传统到现代，从农业文明到工业文明，从封闭社会到开放世界，谋利的个人财富积累与社会总财富增加总是处于正义追求的总目标之下。现代化史就是正义而谋利史。第二，正义而谋利，是中国社会变迁的大方向，中国问题的实质，是生产力水平低下，不适应物质文化的需求；中国发展的关键，是为全国民众提供一个公正公平道义基础上共谋发展的局面。前者，要求谋利，后者，推动正义；前者，是实际目标；后者，是远大目的。不正义的谋利，短视短浅，不容于法律与道义；正义而谋利，长远长期，是中国希望之所在②。

义与利是辩证统一的，并不是要抹杀人们追求自身利益的合理性，而是要引导人们追求正当的利益，正义而谋利。

3.1.3 义利观对企业行为的影响

在商海竞争中，经营者的经营活动如何实现义与利的辩证统一，

① 冯双：《辩论学》，广东省高等教育出版社 2003 年版，第 173 页。

② 余培侠：《正方反方》（下），人民出版社 2007 年版，第 406 页。

这是摆在商家面前的一个重要课题。“重义轻利”“重利轻义”都有其弊端。

“重义轻利”者追求抽象的道德原则而忽视个人的物质利益，如果不合义，虽有利亦不足取，舍生而取义。这种重义轻利的价值观，对维护社会稳定虽然有积极的意义，但是片面地强调道德原则，过分忽视功利意识，忽视利益对人的驱动作用，实际上是对推动社会发展客观动力的摒弃，不仅影响人们的劳动积极性，而且不利于社会经济的发展，会使社会因失去强有力的推动力而进展缓慢。社会生产的目的终归是要满足人们不断增长的物质需要和精神需要，物质生产的发展会推动科学的进步、经济的发展和文明的前进，“仓廪实而知礼节，衣食足而知荣辱”。作为观念形态的“义”，必须要建立在一定物质基础的“利”之上，离开了实际利益的“义”，不过是抽象的道义和无用的虚语而已[①]。

“重利轻义”者只讲利而不讲义。社会上一时出现了“诚信危机”或“信誉危机”，偷税漏税、假冒伪劣、贪污腐败、行贿受贿、贪赃枉法、坑蒙拐骗等一系列诚信问题层出不穷，片面地追求物质利益，眼中只有“利”而无视“义”，根本没有对高尚文明的追求，严重扰乱了社会风气。

那么，在现实经营活动中应当如何处理“义”与“利”的关系?

第一，以“以义生利”为指导，正确协调企业与社会、国家间

---

① 陈红歌:“浅谈新时期义与利的辩证统一”,《中共山西省委党校学报》2001 年第 3 期。

的关系。

“以义生利”，意思是说大行道义也能产生利。这就要求企业在自身发展的同时，也要勇于承担社会责任，积德行善，多行义举，积极参与社会公益事业和慈善事业，报效国家，回馈社会。这些行为虽不能为企业带来直接的利润，甚至还要付出一定的额外费用，但从长远来看，却能使企业在大众的心目中树立起良好的形象，极大地提高企业的知名度和美誉度，为企业发展创造一个和谐的外部环境，这反过来又使企业受益匪浅，实现企业利益与社会责任的良性互动。

第二，要学会“见利思义”，规范企业经营的指导思想和行为准则。

“见利思义”，为现代企业树立正确的经营理念指明了方向。虽然市场经济的本质是追求利益的最大化，企业经营的直接目的是获取利润，没有赢利，企业也不可能生存下去。但利润的获得，必须符合社会道德规范、国家法律和使用正当的经营手段，必须受“义”的约束。诚信经商，货真价实，信誉至上，充分考虑到消费者的心理和需求，处处维护公共利益，做到“义然后取”，使得企业的经济效益与社会效益同步发展。“多行不义必自毙”，这是一个永恒不变的规律。如果一个企业唯利是图，见利忘义，为富不仁，甚至是为攫取企业的一己之私利，而不择手段，损人利己，坑蒙拐骗，伤天害理，非法致富，其结果必然是“放于利而行，多怨”，为社会所不容，为世人所不齿，招致天怒人怨，自取灭亡①。

① 甄尽忠：“儒家‘义利观’与企业经营”，《中外企业文化》2007 年第 9 期，第 43 页。

对于企业来说，要正确处理自身利益与集体利益、国家利益和当前利益与长远利益之间的关系。当企业的私利与社会公共利益发生矛盾时，坚持国家、社会的整体利益高于企业自身的利益，要毫不犹豫地维护道义，维护公共利益，企业的私利让位于社会利益，做到“先义后利”，决不能“先利后义”。

3.1.4　中国东北地区企业的义利观

东北人是中国人中性格特点比较鲜明的，广袤的土地和寒冷的气候造就了东北人粗犷豪放的性格，激情而张扬。内质刚毅，外表强悍，性格豪爽，颇具胆量。东北人热情，喜欢路见不平拔刀相助，善良而富有同情心，但也有些人好勇斗狠，匪气十足。东北人在商业活动中的行为受到了性格因素的深深影响，造就了这一地区鲜明的义利观。

东北人性格豪爽，在商业活动中并非都倾向于重义轻利。调查显示（如图3－1），48.74%的受访者并不同意东北人重义轻利的观点，占比接近半数，可见在商业活动中东北人并非重义轻利，在经

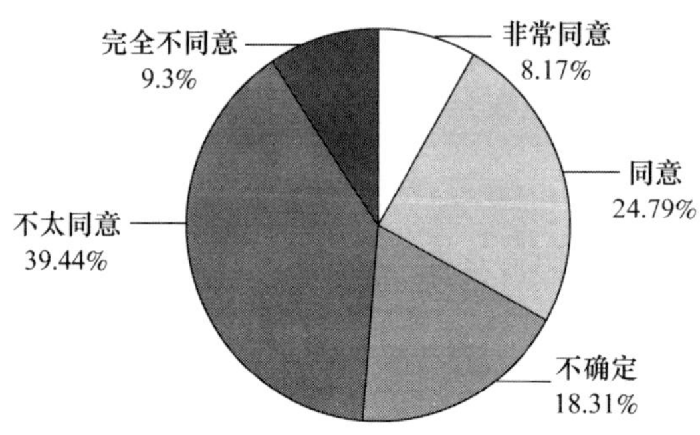

图3－1　东北人在商业活动中的重义轻利倾向统计

营活动中没有片面地强调道德原则，没有过分忽视功利意识以及利益对人的驱动作用。光靠朋友之情、兄弟之义是难以在法制以及市场规则如此健全的今天成就一番事业的，即使是以颇重义气著称的东北人也没有用义气去左右企业的经营活动。只有通过商业经营活动中义与利的良好平衡，才能促进地区经济的良性发展和进步，东北人显然已经领会到了在正确义利观指引下的经营之道。

企业在经营活动中既要树立正确的义利观，同时也要处理好与商业合作伙伴之间的关系。商业合作伙伴是企业经营发展中不可或缺的力量，任何企业都无法不依赖别的企业而独立存在，就像这个世界上如果只有一个人他将无法生存一样，资源嫁接、优势互补、强强联合、“抱团取暖”、服务外包，这些都是现代企业经营中必有的商业逻辑。与商业伙伴之间建立良好的合作关系，将带来双赢的局面。那么，东北地区的企业在商业关系上有什么样的表现呢？

商业伙伴之间是朋友关系，还是利益关系？调查发现（如图3－2），26.48%的受访者认为商业伙伴之间是朋友关系，57.18%的受访者认为商业伙伴之间应该是利益关系。东北地区的商业伙伴之

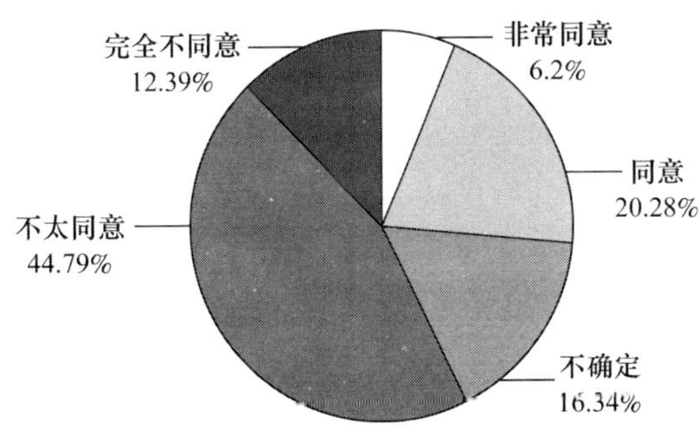

图3－2　东北企业商业合作伙伴为朋友关系倾向统计

间的关系更偏向利益关系，在这一地区，利益是达成合作的有效驱使，过分的重视利益会使合作双方难以建立长期的关系，仅凭利益维系的合作是脆弱的，一旦维系点断裂，合作将会崩溃，企业将会付出更多的转换成本，需要投入更多的人力、物力以及财力成本，从长远的角度来看，这对企业来说是弊大于利的。当商业环境中过分重视利益的时候，就会产生很多社会问题，如偷税漏税、假冒伪劣、贪污腐败、行贿受贿、贪赃枉法、坑蒙拐骗等。若东北地区过分重视利益，将为地区经济的发展埋下隐患，在利益的驱使下，有些人把道德标准抛之脑后。

通过调查发现，东北地区企业之间的关系更多地表现为利益关系，这其中也存在更为细致的差异，是更看重自己的利益还是更看重对方的利益？调查发现（如图 3－3），49.72% 的受访者在商务活动中最看重的是合作双方的共同利益，29.10% 的受访者认为建立良好的合作关系最为重要，2.26% 的受访者更看重对方的利益，仅 17.23% 的受访者看重的是己方的利益。

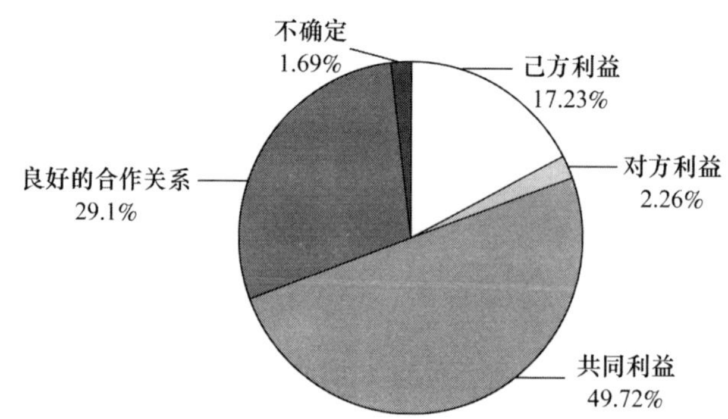

图 3－3　东北企业在商务活动中最看重的利益统计

企业经营管理过程中过于看重自己的利益，很难使企业基业长青，实现长远的发展，只有合作双方建立良好的伙伴关系，为共同的利益着想，企业才能实现双赢甚至多赢，为企业未来的健康发展打下良好的基石。接近两成的受访者只看重自己的利益，大部分的受访者在进行商业合作时更多地考虑到双方或者多方的利益，这将为企业甚至地方经济的发展创造良好的合作共赢的氛围，有利于地区经济健康长远的发展。

从商业惯例的角度来看，东北地区的企业深受商业惯例的影响，本次调查的受访者涉及国有、集体、乡镇、民营、外资等多种企业性质的从业者，遍及制造、流通、金融、地产、高新技术、服务等各行各业。如图 3 -4 显示，有 6.48% 的受访者非常同意，43.38% 的受访者表示同意，不太同意和完全不同意的受访者占比 19.44%。半数的受访者认为东北企业深受商业惯例的影响，可见商业惯例行为已经深深地影响到了该地区企业的经营以及商业活动，在接下来的章节中将具体分析商业惯例的方方面面。下面将从公司性质和行业两个方面来深入了解商业惯例对东北地区企业的影响。

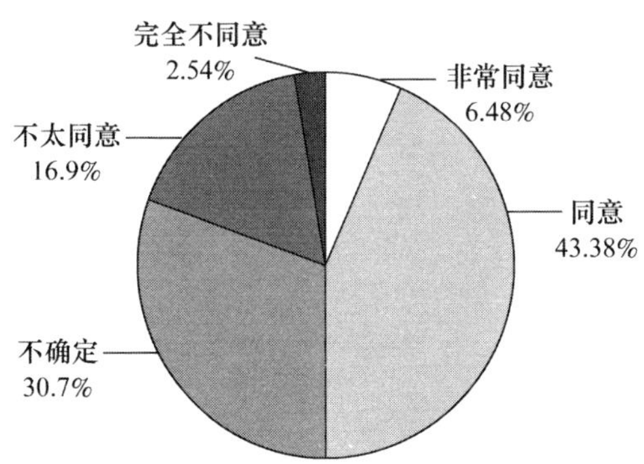

图 3 -4　东北的商业惯例对企业的影响程度统计

从公司性质来看，不同性质的企业受商业惯例的影响程度是不同的，相比较而言，国有企业以及民营企业受商业惯例的影响更为深远和严重（如表3－1所示）。

表3－1　　东北地区不同性质的企业受商业管理的影响程度

不同性质企业	东北的商业惯例对企业影响更加显著				
	非常同意	同意	不确定	不太同意	完全不同意
国有企业	43.5%	37.7%	32.7%	36.7%	22.2%
城镇集体企业	0	0	1.9%	1.7%	11.1%
民营企业	34.8%	33.1%	21.5%	23.3%	11.1%
合资企业	13.0%	13.2%	15.9%	15.0%	33.3%
外商独资企业	8.7%	6.0%	13.1%	8.3%	0
其他	0	9.9%	15.0%	15.0%	22.2%

1949年后，东北在苏联援助下建成了东北老工业基地，成为新中国的重工业中心，但从80年代改革开放起这一光环就开始褪色，东北的经济远远落后于沿海发达地区。2000年前后，东北地区的国有企业占到了地区经济总量的2/3以上，目前虽然已经降至50%左右，但仍高于全国30%的平均水平，计划经济的思维在东北地区根深蒂固，占据很重要的地位。民营企业规模都很小，占主体地位的还是国企。

这些国有企业尽管已经改制，但重要领导都是国家任命，还听命于政府，无法完全根据市场需求自主决策。因此，市场规律和原则在东北地区并没有完全奏效，国有企业控制甚至垄断经济的局面使得市场这只手难以发挥其应有的作用，滋生了很多商业惯例行为，也影响了民营企业的扩张与发展。

东北地区的民营企业可谓是在夹缝中求生存，民营企业在经济中所占的比重过小在很大程度上限制了地区经济发展的活力。面对国有企业庞大的实力，民营企业想与之竞争可谓难上加难，原本就是生存都难以为继，又面临强大的竞争对手，这也就是民营企业受商业惯例影响深远的原因，从某种程度来讲，可谓是不得已而为之。

合资企业和外商独资企业也不同程度地受到了商业惯例的影响，相比较而言，城镇集体企业所受的影响相对较小。

从行业角度来说，商业惯例对中国东北地区不同行业的企业影响程度有所不同。其中，制造业、服务业、金融行业受商业惯例的影响更为严重（如表3－2所示）。

表3－2　　东北地区不同行业受商业惯例的影响程度

不同行业	东北的商业惯例对企业影响更加显著				
	非常同意	同　意	不确定	不太同意	完全不同意
制造业	17.4%	25.5%	23.6%	33.3%	33.3%
商品流通业	17.4%	11.4%	12.3%	15.0%	0
金融行业	17.4%	16.8%	18.9%	15.0%	0
房地产业	13.0%	4.0%	2.8%	0	11.1%
高新技术产业	8.7%	8.7%	12.3%	6.7%	22.2%
服务业	8.7%	19.5%	12.3%	3.3%	0
其他	17.4%	14.1%	17.9%	26.7%	33.3%

东北地区是国家重要的装备制造业、能源原材料的产业基地，产业结构偏向重型化，比如长春市，一汽集团产值占长春工业产值的比重曾长期维持在50%以上；又比如黑龙江省，其能源、石化、装备工业增加值占到整个工业增加值比重的70%。产业结构的重型化成为影响东北地区经济可持续发展的重要因素。制造业在东北经济中所占的决定性地位决定了其受到商业惯例的影响程度也是最大的。东北地区近年来产业结构不断升级，第一产业所占的比重在逐

年下降，金融业、服务业、高新技术产业所占的比重逐年上升，其所受到商业惯例的影响也不断加深。

总之，中国东北地区在长期自然环境、性格因素的影响下，商业活动中并非都倾向于重义轻利，商业合作伙伴中利益关系更为明显，大部分的商业活动经营者已经意识到良好合作以及共同利益的重要性，商业惯例的影响在这里表现得十分突出，尤其是国有企业以及民营企业，在制造业、服务业、金融行业中也表现得十分突出。

3.2 政府关系与企业行为

企业的生存与发展离不开其自身所处的大环境——来自宏观环境、产业环境，以及自身情况等多方面因素的制约。影响企业发展的外部因素有很多，诸如经济、政治法律、人口、社会文化、地理、科技等。这些宏观环境中的因素和力量对于企业而言，都是不可控制而只能去适应的，在某些情况下，企业也有可能对某些因素施加一定的影响。

中国是实行市场经济的国家，但政府仍然要对社会经济的发展进行一定的干预，对市场经济实行宏观调控。对于企业而言，处理好与政府之间的关系、顺应政策发展趋势的要求在某种程度上将有利于企业的生存与发展，企业政府关系也是商业惯例中的重要组成部分。下面将深入了解企业政府关系、政府关系对企业行为的影响以及中国东北地区的企业政府关系行为。

3.2.1 企业政府关系

所谓企业政府关系，是指以企业作为行为主体，利用各种信息传播途径和手段与政府进行双向的信息交流，以取得政府的信任、支持和合作，从而为企业建立良好的外部政治环境，促进企业的生存和发展。

在商场上，有一些人在谈对政府进行公关的时候往往面露诡秘，送红包、搞腐败是他们惯用的手段，靠个人关系、靠走后门达到他们的目的。当企业出现问题的时候，找关系是他们首先想到的解决办法，认为只要在政府有一个“友情”甚好的朋友，那么企业的一切事情都好办。利用人际网络的力量在政府中疏通关系，从而达到企业想要达到的目的，只有这样才能最有效的解决问题。这完全是将企业利益凌驾于公众利益之上，以漠视甚至牺牲公众利益、国家利益来换取企业高额的利润。

这样的商业惯例行为实际上是对正常的、健康的企业政府关系的曲解。随着整个中国政府体制的不断完善、改进，整个政府工作的透明化、规范化，企业更需要的是通过正常渠道和政府沟通。着力于企业自身的不断发展壮大，而不是为了一次的利益得失而采取非正当的手段攫取不应得的利益。应当与政府建立良性的互动，从而取得双向沟通、互通有无的局面，发展正当的、正常的、健康的真友谊。

当前世界各国政府与企业关系大体上有三种：第一种是“交警与司机关系”，政府与企业没有隶属关系，政府只需要告诉企业什么事不该做，企业的其余事情政府一律不过问不干涉。这种政府企业关系在欧美发达国家比较普遍。第二种是“手足关系”，即政府与企业之间相互依赖，官商一体[①]。日本的政企关系属于该种类型。第三种是“父子关系”，企业隶属于政府，不是独立的市场主体，政府对企业的一切活动都拥有决定权。改革开放前中国的政企关系大致属于这种类型。

中国经过近20年的改革，政企关系有了很大的变化，不再是原来的纯粹的“父子关系”，而是逐步向包括上述三种类型的混合型政企关系过渡：政府与部分国有企业之间、一些乡镇政府与其所辖的乡镇企业之间依然保持着“父子关系”；政府与民营企业、三资企业之间是监督与被监督的“交通警察与司机”的关系；一些地方政府与其所办的企业、部分乡镇政府与乡镇企业之间则形成了利害相关、生死与共的“手足关系”。

3.2.2 政府关系对企业行为的影响

以前，每当谈起政府与企业关系，首先想到的就是政府专业经济管理部门与国有企业之间的关系。随着经济的不断改革，其他所有制经济企业迅速发展，乡镇企业、民营企业、三资企业成为中国经济发展的重要支柱。政府与企业关系不再局限于专业经济管理部门与国有企业之间的关系，而政府职能部门与包括国有企业在内的

---

① 樊峰宇：《公司政治：掌控公司命运的稳性力量》（第2版），中国纺织出版社2009年版。

企业整体之间的关系日益引起关注[①]。职能部门与企业的关系涵盖所有专业领域。职能部门与企业之间的关系是现阶段政企关系中的基本关系，在国有企业改革进展到一定阶段后，职能部门与企业之间的关系将是政府与企业关系的全部内涵[②]。

随着国有企业改革的深入，国有企业与上级主管政府之间的关系逐步理顺，而越来越多的与所在地政府之间发生关系，如就业、税收、企业社会负担的转移、企业支援地方建设等[③]。同时，大型民营企业、三资企业也面临如何与所在地政府打交道、建立良好关系的问题。这些企业绝大部分的日常经济活动都发生在所在地，要受所在地政府约束与管辖。当地政府对企业的态度直接影响着企业的生产经营能否顺利进行，对企业的生存与发展发挥着至关重要的作用；而企业对当地政府的支持也会促进当地的社会经济良性发展[④]。

政府不仅是国家权力的执行机构，还是国家利益和社会总体利益的代表者和实现者。政府行为对社会各个领域和企业的利益都具有不同程度的影响。因此，任何企业都存在着政府关系问题。政府是企业的重要利益相关者，政府关系是企业协调外部关系的重要方面，是企业的重要社会资本。

政府对企业有重要的影响，主要包括：政府运用宏观调控手段对企业的微观经济行为实行间接调节和控制；政府是企业产品和服务的购买者；政府对企业的生产经营活动具有信息导向功能；政府

---

①③④ 夏宁：《财务治理及其应用研究》，立信会计出版社 2006 年版，第 161 页。

② 牛余风："改革开放以来政企关系的行政法研究"，《商业时代》2009 年第 28 期，第 59 页。

是企业的财务支持者；政府帮助企业协调与其他社会组织之间的关系。政府关系对于企业的发展甚至存亡至关重要，因此，企业要重视政府关系，把政府关系管理纳入到战略范畴来考虑①。

3.2.3 中国东北地区的企业政府关系

在东北这样一个国企根深蒂固、重工业基础雄厚但如今经济远落后于沿海发达地区、面临重新振兴的大环境下，企业与政府之间是一种什么样的关系？下面将从四个方面来进行分析。

第一，人脉关系对商业活动成败的影响。本研究调查了辽宁、吉林、黑龙江的450名受访者，结果显示（如图3－5所示），89.29%的受访者认为没有一定的人脉关系很难在商业活动中取得成功，这其中有47.04%的受访者认为这一观点非常正确，表示出了极大的认同。在总体样本中仅有6.77%的受访者不这么认为，持有相反的观点。

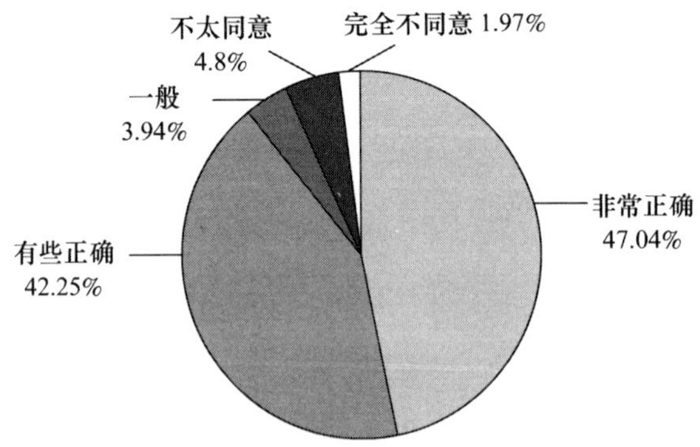

图3－5 东北人脉关系对商业活动成败影响情况统计

---

① 卢剑锋，于涛："辽宁民营企业的政府关系治理研究"，《沿海企业与科技》2010年第7期，第19页。

人脉即人际关系、人际网络，体现人的人缘、社会关系。辞典里将人脉解释为“经由人际关系而形成的人际脉络”，经常用于政治或商业领域，但其实不论做什么行业，人人都会使用人脉。人脉资源是一种潜在的无形资产，是一种潜在的财富。四通八达、错综复杂的人脉网络，是人的生命赖以存在的基础。在中国人的日常生活中，总是多个朋友多条路，当遇到困难和问题的时候找朋友帮忙、找关系是常用的解决办法，企业也是如此。

斯坦福研究中心曾经发表一份调查报告，结论指出：一个人赚的钱，12.5%来自知识，87.5%来自关系。在东北地区也有同样的共识，接近九成的受访者也认为人脉关系对于商业活动的成功具有非常重要且深远的影响。

第二，做生意提前找关系、打招呼的必要性。调查显示（如图 3－6 显示），32.77%的受访者认为提前找关系、打招呼非常重要；42.94%的受访者认为这样的行为对于做生意而言是有些重要的；15.54%的受访者表示了中性的态度，认为必要性一般；6.5%的受访者认为不太重要；仅有 2.26%的受访者认为做生意提前找关系、

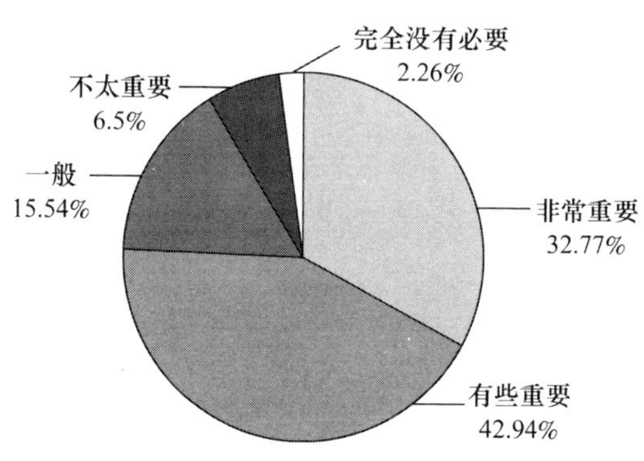

图 3－6　东北做生意提前找关系、打招呼的必要性统计

打招呼是完全没有必要的事情，总之，75.71%的受访者对此观点表示同意，8.76%的受访者则不太同意。

为了使企业达到既定的目的，在做生意的时候有些管理者会通过自己的人脉关系提前打招呼，使得对方在选择生意伙伴、达成合作意向时，有所偏向。这样的行为有违公平公正的商业原则，但在现实的商务活动中却是普遍存在。这一行为的隐蔽性主要表现在“操作”是在事前，难以监督和控制，而且在具体操作的时候走的是正常的程序，每一环节都是符合标准在进行的。现实生活中总是会有这样的情况，众多的候选者都符合标准，实力相当，此时该如何进行选择？事前做过“功课”的企业就顺理成章的在看似公平、公正、公开的抉择中脱颖而出。在东北地区的企业中，这样隐蔽性较强的商业惯例行为显然也不在少数，3/4 的受访者对此表示赞同。

第三，与政府打交道需要良好的人脉关系。政府部门在中国老百姓眼里是一个很威严的地方，与政府打交道时就显得不是一件容易的事情，此时在政府部门中良好的人脉关系就是敲开政府大门的敲门砖。

在本次的受访者中（如图3－7所示），有68.73%的受访者对此表示强烈的赞同，认为与政府打交道需要良好的人脉关系才可以，23.38%的受访者对此也表示认同，4.79%的受访者认为一般，仅有3.1%的受访者认为这一观点不正确，只占总受访者的一小部分。

从政府的角度来讲，中国的东北地区，由于国有企业在地区经济中一直都占有重要的地位，而且在计划经济时代东北地区重工业俨然成为中国的工业中心，计划经济的思维一直根深蒂固的影响着

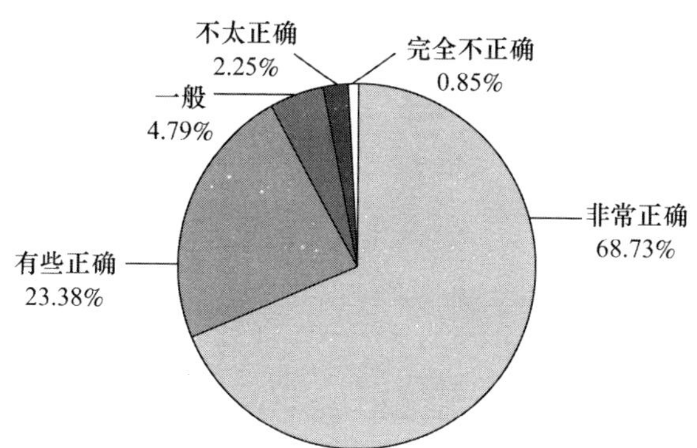

图 3－7　在东北与政府打交道需要良好人脉情况统计

当今经济社会的发展，政府没有切实做到服务大众民生的宗旨，没有完全的形成服务型政府的主体，在与企业沟通接触时，仍然没有实现平等的对话，而是凌驾于企业和人民之上。政府的如此作为很难使企业拥有平等沟通的机会，这时就给这些所谓的商业惯例以可行的机会，建立良好的人脉才能与政府实现良好的沟通。

从企业的角度来讲，企业为了达到自己的目的，为了攫取更多地利益，而不惜损害社会公平，最大化地利用自己的人脉关系来达到自己的目的，违背了公平公正的商业原则，有损健康的社会秩序，造成了不良的社会风气，使得企业的经营进入了恶性循环的圈子，无论是对于企业自身还是对于整个社会，都造成了不良的影响。

第四，做业务就是做关系，关系到位才能谈生意。如图 3－8 所示，23. 10% 的受访者对于这一观点表示强烈的认同，40. 56% 的受访者表示赞同，16. 34% 的受访者持有中立的态度，15. 77% 的受访者认为这不太正确，4. 23% 的受访者认为完全不正确。

有这样一个例子，乔・吉拉德把成交看作是推销的开始，他在

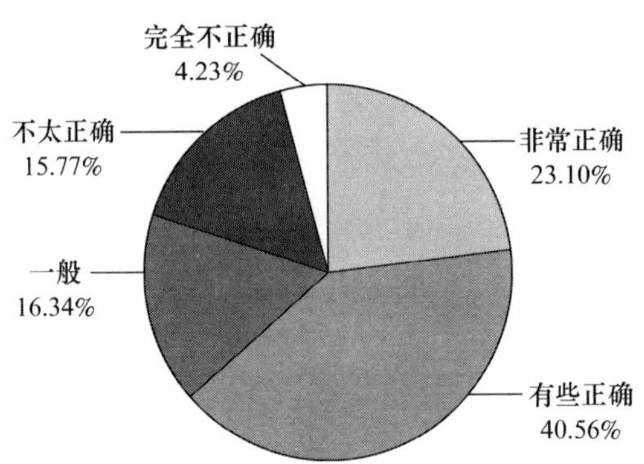

图 3-8　东北对关系到位才能谈生意的情况统计

与客户成交之后，并不是把他们抛于脑后，而是继续关心他们，并恰当地表示出来。他每月要给自己的 1 万多名客户寄去一张贺卡。一月份祝贺新年，二月份纪念华盛顿诞辰日……凡是在他那里买了汽车的人，都会收到他的贺卡[①]。正因为他没有忘记自己的客户，客户才不会忘记乔·吉拉德。这也是做关系，是在正当地维护与客户之间的关系，所以，提到做关系的时候不能一味地往送红包、行贿受贿、官商勾结等不当行为方面想。企业正当的维护与客户、供应商、政府等利益相关者之间的关系将有助于企业建立良好的人脉圈子，这将对企业的成长与发展大有裨益。当然，做关系中一些不当的行为是绝对不可取的。

通过以上的调查，我们可以发现关系、人脉在东北的企业中是一个广泛认同的事情，那么对于企业政府关系而言，在不同人员规模、不同行业、不同性质的企业中有什么差别吗？

从表 3-3 中可以看出，人员规模越大的企业相对更为认同

---

① 萧野：《乔·吉拉德的推销思想》，中国纺织出版社 2010 年版，第 249 页。

"与政府部门打交道需要良好的人脉关系"这一观点。规模大的企业，业务规模也相对较大，所以与政府之间的往来沟通会更为频繁。

表 3－3　　　　东北不同规模企业的企业政府关系

人员规模	与政府部门打交道需要良好的人脉关系				
	非常正确	有些正确	一般	不太正确	完全不正确
20 人以下	8.1%	11.5%	5.9%	0	0
21～50 人	10.6%	17.9%	23.5%	12.5%	0
51～100 人	12.7%	17.9%	11.8%	12.5%	50.0%
101～200 人	9.3%	6.4%	5.9%	0	0
201～500 人	13.6%	9.0%	17.6%	25.0%	50.0%
501 人以上	45.8%	37.2%	35.3%	50.0%	0

从表 3－4 中可以看出，就不同性质的企业而言，国有企业和民营企业仍然是最为重视企业政府关系的两类企业，相对而言，外资企业与政府之间的关系就显得不那么密切。

表 3－4　　　　东北不同性质企业的企业政府关系

不同性质企业	与政府部门打交道需要良好的人脉关系				
	非常正确	有些正确	一般	不太正确	完全不正确
国有企业	40.0%	23.2%	41.2%	37.5%	33.3%
城镇集体企业	1.3%	0	5.9%	0	0
民营企业	25.8%	34.1%	23.5%	12.5%	33.3%
合资企业	13.3%	15.9%	23.5%	37.5%	0
外商独资企业	8.8%	9.8%	0	12.5%	0
其他	10.8%	17.1%	5.9%	0	33.3%

从表 3－5 中可以看出，制造业仍然是与政府关系最为密切的行业，这取决于东北地区过去形成的产业定位，其次是金融行业、服务业以及高新技术产业。

表 3－5　　东北不同行业企业的企业政府关系

不同行业	与政府部门打交道需要良好的人脉关系				
	非常正确	有些正确	一般	不太正确	完全不正确
制造业	25. 9%	26. 3%	17. 6%	50. 0%	0
商品流通业	10. 9%	11. 3%	35. 3%	25. 0%	0
金融行业	17. 2%	17. 5%	11. 8%	12. 5%	0
房地产业	3. 8%	2. 5%	5. 9%	0	33. 3%
高新技术产业	7. 1%	16. 3%	17. 6%	0	33. 3%
服务业	15. 5%	11. 3%	0	0	0
其他	19. 7%	15. 0%	11. 8%	12. 5%	33. 3%

总之，人脉关系对中国东北地区商业活动成败有非常重要的影响，做生意提前找关系、打招呼也是非常有必要的，很多企业都有这样的商业惯例行为。与政府打交道时也需要良好的人脉关系，做业务就是做关系，关系到位才能谈生意。人员规模越大的企业相对更为认同“与政府部门打交道需要良好的人脉关系”这一观点，国有企业和民营企业仍然是最为重视企业政府关系的两类企业，制造业是与政府联系最为紧密的行业。

3. 3　项目招投标过程中的关系

招标和投标是一种商品交易行为，是交易过程的两个方面。招标投标是一种国际惯例，是商品经济高度发展的产物，是应用技术、经济的方法和市场经济的竞争机制的作用，有组织开展的一种择优成交的方式。这种方式是在货物、工程和服务的采购行为中，招标人通过事先公布采购和要求，吸引众多的投标人按照同等条件进行平等竞争，按照规定程序并组织技术、经济和法律等方面专家对众多的投标人进行综合评审，从中择优选定项目的中标人的行为过程。其实质是以较低的价格获得最优的货物、工程和服务。下面将从招投标中存在的问题、东北项目招投标过程中的关系两方面进行解析。

3.3.1 投标中存在的问题

招标过程中由于监管不力等原因产生了种种违反原则的情况，严重影响了招标的效果以及公平公正的商业秩序。

第一，招投标方地位不平等。由于目前的招投标市场是典型的"卖方市场"，招标方在招标过程中往往占有绝对优势的地位，在招标文件的编制过程中，可以精心设计有利于自身利益、规避自身风险的条款；而投标方则处于明显的劣势地位，针对招标文件中制定的许多不合理要求，往往只能无奈地接受，否则就会因为不符合文件的要求而被剥夺投标资格而成为废标。

第二，招标方剥夺投标方参与机会。有些单位利用招标审核把关不严格的漏洞规避招标，往往把造价达到招标要求的工程进行分拆或者肢解，或者干脆以时间紧迫、专业特殊等为借口，以行政会议纪要、现场办公会议拍板或者联席会议表态的形式确定合作单位，以集体决策的方式规避招标，从而达到肢解发标的目的。而招投标管理部门在审核时只根据单位提供的资料进行备案，缺少严格的审核把关。

第三，招标方控制信息发布或设置特定条件排斥他人。虽然《招标投标法》对招投标信息的发布做了明确的规定，但在实际操作过程中，一些单位常借口提高工作效率等随意缩短信息发布时间，客观上造成了潜在投标对象获知信息的不平等。同时，在招标文件上暗做手脚、量身订制、制定倾向性非常强的条款，为有意向的投标单位“开绿灯”，使招投标过程成为形式，违背了公平、公正的原则①。

第四，招标代理机构不平等地对待潜在投标方。由于招投标活动的监督方式已由审批管理依法改变为过程监督，依法登记备案和对违法、违纪行为的查处，招投标的操作由招标代理机构来完成。由于中国招标代理业务起步较晚，招标代理市场发育尚不完善，一些相关的配套制度还不健全，致使一些代理机构在实际工作中缺乏自律，利用自己的特殊身份帮助业主选择有倾向性的中标单位，并在关键环节上逃避招投标监督机构的有效监督②。

同样，在投标过程中也存在种种违背正常市场原则的行为。

第一，投标方以贿赂的方式谋求中标。某些单位在激烈的竞争环境下，不思努力将自己的业务做强做大，而是想方设法通过找关系、走后门，行贿招标管理人员，谋求中标。

第二，投标方违法挂靠、分包、转包的现象时有发生。挂靠投标是一些资质较低的企业以另一个高资质企业的名义参加竞标，如能中标，承诺付给挂靠企业一定数额的报酬。有些单位通过允许私人违法进行分包、转包和挂靠，从中收管理费或者赚取差价，以致

---

① 王才亮，陈秋兰：《违法建筑处理实务》，法律出版社 2008 年版，第 158 页。

② 万志峰，钱勇：《众议工程质量》，江西高校出版社 2006 年版，第 371 页。

出现外地的中央、省属大型企业中标，而实际操作的可能是本地人员的现象。

3.3.2 中国东北地区项目招投标过程中的关系

20 世纪 80 年代，中国有关招标投标方面的法规建设开始起步，1984 年国务院颁布暂行规定，提出改变行政手段分配建设任务，实行招标投标，大力推行工程招标承包制，招标方式基本以议标为主。在纳入招标管理项目中，约 90% 是采用议标方式发包的，工程交易活动比较分散，没有固定场所，这种招标方式很大程度上违背了招标投标的宗旨，不能充分体现竞争机制①。招标投标很大程度上流于形式，招标的公正性得不到有效监督，工程大多形成私下交易、暗箱操作，缺乏公开公平竞争。

20 世纪 90 年代后，全国各地普遍加强对招标投标的管理和规范工作，相继出台一系列法规和规章，招标方式从以议标为主转变到以邀请招标为主，全国各省、自治区、直辖市、地级以上城市和大部分县级市相继成立了招标投标监督管理机构，工程招标投标专职管理人员不断壮大，全国形成招标投标监督管理网络，招标投标监督管理水平也不断提高，为招标投标制度的进一步发展和完善开辟了新的道路②。

随着建设工程交易中心的有序运行和健康发展，全国各地开始

① 王艳艳：《工程招投标与合同管理》，中国建筑工业出版社 2012 年版，第 3 页。

② 李倬："对招投标法的理解与思考"，《山西建筑》2007 年第 3 期，第 244 页。

推行建设工程项目的公开招标。《招标投标法》根据中国投资主体的特点，明确规定中国的招标方式不再包括议标方式，这是个重大的转变，它标志着中国的招标投标进入了全新的历史阶段[①]。招标投标法律、法规和规章不断完善和细化，招标程序不断规范，必须招标和必须公开招标范围得到了明确，招标覆盖面进一步扩大和延伸。工程招标已从单一的土建安装延伸到道桥、装潢、建筑设备和工程监理等[②]。

目前，我们的市场在一定程度上还存在着政企不分、行政干预多、部门和地方保护、市场和招标操作程序不统一规范、市场主体的守法意识较差、过度竞争、中介组织不健全等现象。《招标投标法》正是国家通过法律手段来推行招标投标制度，以达到规范招标投标活动、保护国家和公共利益、提高公共采购效益和质量的目的。它的颁布是中国工程招标投标管理逐步走上法制化轨道的重要里程碑，必将对当前乃至今后一段时期的市场管理产生深远的影响，并指导着招标投标制度向深度和广度发展[③]。

那么，在中国的东北地区，企业经营管理者对于招投标又有怎样的认识呢？调查显示（如图3-9所示），38.87%的受访者认为在招投标时没有一定的人际关系是很难成功的，42.54%的受访者也表示同意，8.73%的受访者持中立态度，7.89%的受访者认为不太正确，仅有1.97%的受访者认为这完全不正确。可见，在东北地区企业招投标过程中也存在很多人情世故的问题，没有人际关系的运作

① 蒋世军："建筑工程招标的发展及趋势"，《中国科技信息》2005年第114期，第132页。

② 安连发：《新的跨越》，中国国际广播出版社2004年版，第142页。

③ 刘伊生：《建筑工程招标与合同管理》，机械工业出版社2001年版，第75页。

是很难成功的。

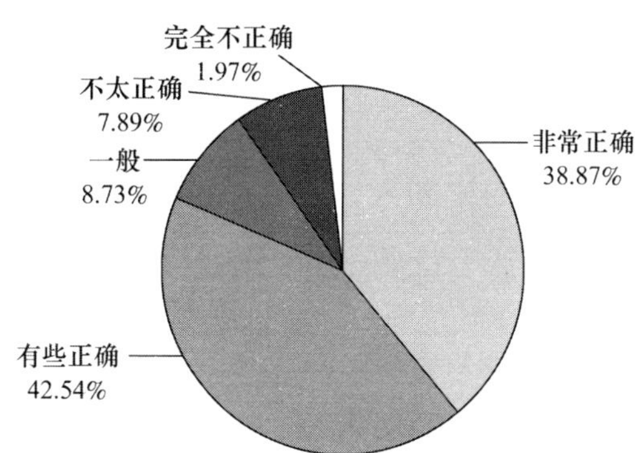

图3-9　东北招投标时没有人际关系难以成功情况统计

在东北，谈项目找中间人运作也是一件比较普遍的事情，调查显示（如图3-10），28.45%的受访者认为谈项目找中间人运作是非常重要的，43.94%的受访者认为这有些重要，19.72%的受访者认为一般，4.79%的受访者认为不太重要，3.10%的受访者认为这是一件完全没有必要的事情，所占的比重较小。

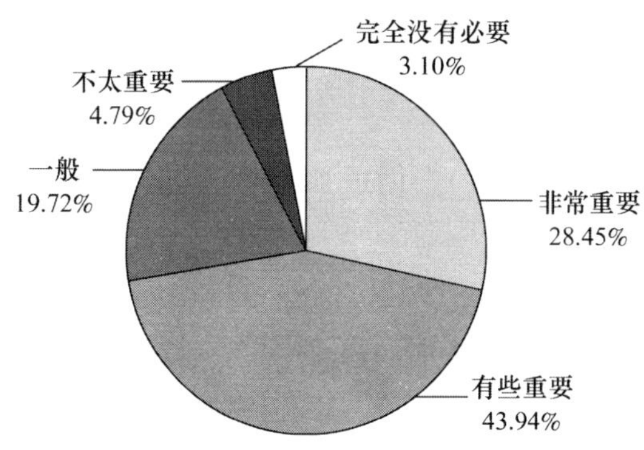

图3-10　东北谈项目找中间人运作情况统计

本次研究也对东北地区的经营管理者最值得信赖的中间人的类型进行了调查，排名如下：家人及亲戚、同学及同事、朋友、中介机构、同乡、其他（如图3-11）。可见，在中间人中最值得信赖的是家人和亲戚，同学和同事所占的比重也比较高，这两类人群是企业经营管理者最为信任的类型。中间人对于能否拿下项目来说起着十分重要的作用，企业在进行运作时对于中间人的选择是非常慎重的，只有选择最靠得住的中间人，才能使得企业的利益不受到任何的损失，从而创造利益最大化的局面。

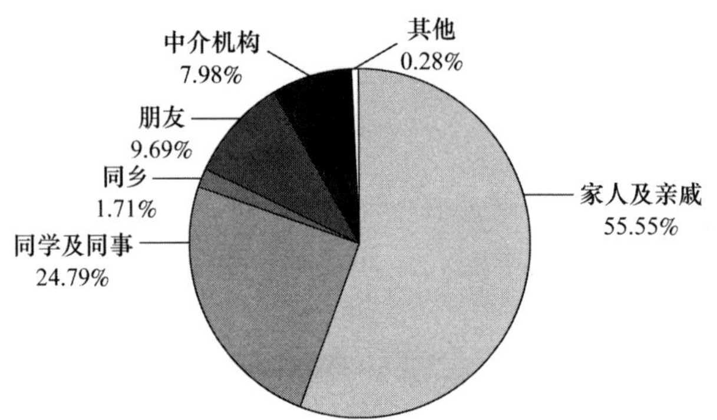

图 3-11　东北最值得信赖的项目中间人统计

总之，东北地区经营管理者普遍认为招投标时没有一定的人际关系是很难成功的，谈项目找中间人运作是一件比较普遍的事情；在中间人的选择上，普遍更信任家人、亲戚、同学以及同事。可见，在招投标的过程中一些约定俗成的商业管理行为还是存在的。

3.4　人员招聘过程中的关系

3.4.1　东北企业招聘员工最重视的因素

企业员工对企业的发展具有至关重要的作用，人力资源是企业竞争力的核心资源。但是，每个企业在招聘员工的过程中，由于企业类型、地域文化等方面因素的影响，其在招聘人员时重视员工的程度是不一样的。

调查显示（如图 3 – 12 所示），有 36. 60% 的受访者选择了员工的从业背景，32. 12% 选择了员工的敬业精神，19. 31% 选择了员工的社会资源，9. 80% 选择了员工的学历，员工与企业关系这一选项的选择比较少，只有 3. 17% 。

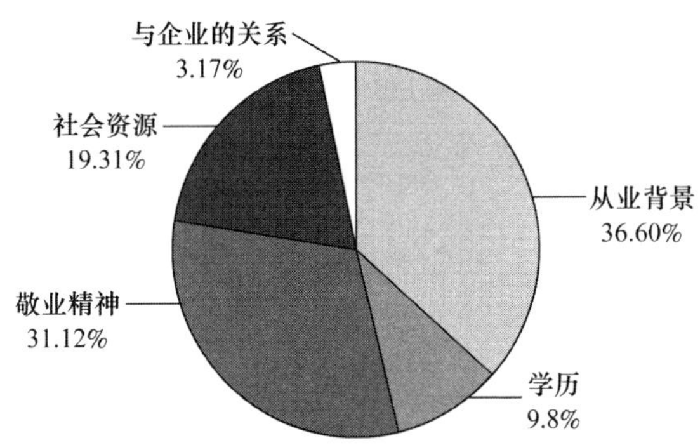

图 3 – 12　东北企业招聘员工时最重视的因素统计

从这一数据可以很明显地看出，东北地区企业在招聘时，最重视员工的从业背景和员工的敬业精神，而员工所拥有的社会资源也是比较看重的一个方面。

从业背景是指各行业的从业经历。企业从同行业中尤其是竞争对手中招聘员工，可以为企业带来许多有用的信息，而且同行业人员可以减少企业对员工的培训等成本；企业招聘拥有不同行业背景知识的员工，可以为企业注入更多新鲜的活力。总体而言，有从业背景的员工，在融入新的企业文化方面会有一些难度，但是，其丰富的从业经验会给企业降低大量的成本，而且会为企业带来新鲜的血液，从而提高员工的创造力。

敬业精神是一个人对自己所从事的职业的忠诚和热爱，包括工作热情、工作作风、工作方法等。员工只有具有良好的敬业精神，才能激发自身的潜能，从而为企业创造更大的价值。员工缺乏敬业精神，对于企业来说是一种灾难。员工精神涣散，对产品质量不重视，会导致假冒伪劣产品，对顾客不友好，会导致顾客的流失，这些都最终导致企业信誉下降，经营不善。

员工所拥有的社会资源包括有形资源和无形资源。其中，有形资源包括人力、物力、财力等，无形资源包括技术、知识、组织、社会关系等。企业员工拥有社会资源，能够为企业的发展带来很多的便利。

以上是东北企业招聘员工时最重视的因素，那么譬如受访者性别、年龄、从业时间、学历、职位、单位性质、行业、人员规模、营业额、公司业绩等因素在东北企业招聘员工的选择上有什么影响呢？

从性别上来看，如表3－6所示，男性受访者最看重的是员工的从业背景，其次是员工的敬业精神，员工的社会资源、员工的学历以及员工与企业的关系；女性受访者中，39.2%选择了员工的从业背景，31.9%选择了员工的敬业精神，19.3%选择了员工的社会资源，7.8%选择了员工的学历，1.8%选择了员工与企业的关系。由此可见，女性最看重员工的从业背景，其次是员工的敬业精神，再次是员工的社会资源，对员工的学历以及员工与企业关系的看重度比较低。

表3-6　东北企业在招聘员工时最重视的因素受性别影响统计

性　别	企业在招聘员工时最重视的因素				
	从业背景	学历	敬业精神	社会资源	与企业的关系
男	34.6%	11.7%	30.2%	19.0%	4.5%
女	39.2%	7.8%	31.9%	19.3%	1.8%

男性和女性都认为从业背景和员工的敬业精神是两个最重要的因素，但更多的女性认为员工的从业背景非常重要，高出了男性将近5个百分点；员工的社会资源的重要度在不同性别间的认同度无明显差异，但是男性在员工学历以及员工与企业的关系这两个维度上选择的比例要高于女性。总体来说，男性和女性在5个维度的排序上是一致的。

从管理者的学历来看（如表3-7所示），学历在高中及以下的人最注重员工的敬业精神，其比例达到了54.5%，其次是注重员工的从业背景，比例达27.3%；学历为中专的人最重视的是员工的学历和敬业精神，其比例都为37.5%；学历为本科的人，最注重的是员工的从业背景和员工的敬业精神，其比例分别为36.4%和33.0%；学历为硕士及以上的人注重的是员工的从业背景和员工的社会资源，其比例为44.6%和25.7%。

表3-7　东北企业在招聘员工时最重视的因素受学历影响统计

学　历	企业在招聘员工时最重视的因素				
	从业背景	学历	敬业精神	社会资源	与企业的关系
高中及以下	27.3%	0	54.5%	0	18.2%
中专	12.5%	37.5%	37.5%	12.5%	0
大专	15.8%	5.3%	63.2%	10.5%	5.3%
本科	36.4%	10.2%	33.0%	18.0%	2.4%
硕士及以上	44.6%	8.9%	17.8%	25.7%	3.0%

由此可见，硕士及以上的人最注重员工的从业背景，中专学历的人最注重学历，大专学历和高中及以下学历的人最注重员工的敬业精神，硕士及以上学历的人在注重员工的社会资源方面比例也比较高。

从受访者的职位来看（如表3－8所示），高层管理人员最重视员工的从业背景，其比例高达51.4%，其次是员工的敬业精神，比例达20%，再次是员工所拥有的社会资源；中层管理人员同时最重视员工的从业背景和员工的敬业精神，比例分别为37.5%和36.7%，而对员工的社会资源比重占了14.8%；和高层管理人员一样，基层管理人员也最重视员工的从业背景，比例达到42.4%，对员工的敬业精神也比较重视，比例达到了27.2%；对于一般员工而言，员工的敬业精神、员工的社会资源以及员工的从业背景都是其比较重视的因素，其比例分别为29.9%、27.6%、25.3%。对于管理者而言，招聘时重视的因素大致是相同的，而对于一般员工而言，更重视员工的敬业精神和社会资源，这与管理者相比较是存在差异的。

表3－8　东北企业在招聘员工时最重视的因素受职位影响统计

职　位	企业在招聘员工时最重视的因素				
	从业背景	学历	敬业精神	社会资源	与企业的关系
高层管理	51.4%	8.6%	20.0%	14.3%	5.7%
中层管理	37.5%	7.0%	36.7%	14.8%	3.9%
基层管理	42.4%	9.8%	27.2%	18.5%	2.2%
一般员工	25.3%	14.9%	29.9%	27.6%	2.3%

那么，对于不同的行业，招聘员工时最重视的因素会有差别吗？

本研究分别调查了制造业、流通业、金融业、房地产业、高新技术行业以及服务业，从表3-9来看，制造业的人最重视的是员工从业背景，比例达到了44.9%，其次是员工的敬业精神，比例达28.1%；商品流通行业最重视的是员工的敬业精神，比例达到了42.9%，其次是员工的从业背景，其比例达到28.6%；金融行业最重视的是员工的社会资源，其比例达到了41.1%，其次是员工的从业背景，比例达到了28.6%；房地产行业最注重的是员工的从业背景，比例达到了38.5%，同时也很注重员工的敬业精神，其比例达30.8%；高新技术产业对于员工的从业背景以及员工的敬业精神都比较注重，其比例都为37.5%；服务行业对于员工的从业背景和员工的敬业精神也都很看重，其比例分别为33.3%和37.8%。

表3-9　东北企业在招聘员工时最重视的因素受行业影响统计

行业	企业在招聘员工时最重视的因素				
	从业背景	学历	敬业精神	社会资源	与企业的关系
制造业	44.9%	15.7%	28.1%	9.0%	2.2%
商品流通	28.6%	9.5%	42.9%	19.0%	0
金融业	28.6%	8.9%	14.3%	41.1%	7.1%
房地产行业	38.5%	23.1%	30.8%	7.7%	0
高新技术行业	37.5%	12.5%	37.5%	9.4%	3.1%
服务业	33.3%	0	37.8%	22.2%	6.7%

不同行业的人对招聘员工最重视的因素显示了行业的差别，这主要是由于，不同行业的侧重点不同，每个行业都有自身业内特有的要求，比如制造业更需要技术娴熟的工人，因而最注重员工的从业背景；商品流通行业需要为顾客提供良好的服务，因而最注重的是员工的敬业精神；金融行业需要人脉等资源去收集资金等，因而

最注重员工的社会资源。因此，行业是招聘员工时最重视的因素，表现出了明显的差异。

通过分析我们发现，在东北地区，不同的学历、职位和行业对员工招聘有着重要的影响，因此，对于企业而言，应当充分了解企业自身的一般情况、独特性以及差异性，从而在招聘的过程中能够有针对性地选择企业最合适的员工，在人员安排上充分做到人尽其才。

3.1.2 东北企业招聘的途径

现代企业的人员招聘途径越来越多，网络、猎头公司、招聘会、校园招聘、媒体广告等都可以为企业提供大量的人才信息，使企业拥有更多获取人才的途径。企业可以通过多种方式来寻找合适且满意的员工，为企业带来最大的效益。

据了解，目前企业可以采取的招聘途径主要有以下几种：校园招聘、人才市场招聘、内部员工介绍、猎头公司、在线招聘等等。下面将对不同的招聘方式进行分析。

1. 校园招聘

校园招聘有五大优点，第一，可以扩大公司的知名度。以中国为例，中国的高校众多，高校中进行宣讲会等活动会增加大众对该公司的了解，而且参加校园招聘的公司都是经过学校的检验，所以信誉度会更高。第二，减少招聘成本。在中国，就业压力大，学校为了提高学生的就业率，通常会邀请企业进行校园招聘，为企业提供免费的宣讲会场等软硬件设施。第三，企业可以有针对性地找到自身发展所需要的人才。各大高校中设置了不同的学院，因而企业可以较快地找到自己所需要的人才。第四，没有经过大量社会历练的学生可以更好地融入企业文化。由于文化容易在人内心先入为主，根深蒂固，刚出校门的学生像白纸一样，因而，企业可以很快让自身的企业文化融入其中。第五，毕业生更具有活力和创造力。

同时，校园招聘也有三大缺点，第一，缺乏实践经验。在专业知识方面，毕业生储备丰富，但是由于缺乏社会的历练，在解决实际问题时会遇到比较多的困难。第二，需要对毕业生进行培训。为了让毕业生更快地融入企业，为企业创造价值，企业需要投入大量的人力、物力和财力进行培训。第三，大部分人把企业作为一个跳板。这个时代的毕业生充满个性，不喜欢一辈子呆在一个企业，他们往往只是把第一份工作作为锻炼场所，企业对其进行大量培训，而他在公司中获得了丰富的经验后，往往会选择跳槽，这对企业的损失是很大的，企业不得不重新招聘员工。

据调查，东北企业采用校园招聘的比例高达61.41%，可见东北地区企业比较倾向于采用校园招聘这一方式进行人才的引进。

从东北的不同地区来看（如表3-10所示），沈阳和长春两地的企业采用校园招聘的比例比较高，分别达到了70.6%和62.9%；而哈尔滨地区却明显不同，58.5%的企业没有采用校园招聘。

从不同的企业性质来看（如表3-11所示），国有企业和合资企业采用校园招聘方式的比例很高，分别达到了70.6%和71.2%，而城镇集体企业、民营企业以及外商独资企业采用校园招聘方式的比例不高，其比例分别为25.0%、49.0%和40.0%。

表 3－10　　东北企业采用校园招聘受地区影响情况统计

地　区	公司招聘新员工时使用校园招聘	
	是	否
沈　阳	70.6%	29.4%
长　春	62.9%	37.1%
哈尔滨	41.5%	58.5%

表 3－11　　东北企业采用校园招聘受企业性质影响情况统计

企业性质	公司招聘新员工时使用校园招聘	
	是	否
国有企业	70.6%	29.4%
城镇集体企业	25.0%	75.0%
民营企业	49.0%	51.0%
合资企业	71.2%	28.8%
外商独资企业	40.0%	60.0%
其他	69.0%	31.0%

在中国，国有企业和外商合资企业的实力相对较为雄厚，有相当的能力承受校园招聘的高额成本，这同时也是企业扩大知名度的一个良好机会，有能力的企业一定不会错失良机，相对企业获得的巨大现实和潜在收益来说，付出的成本就小了很多。城镇集体企业的规模和实力相对比较薄弱，难以举办全国范围内的大型校园招聘，本地区或者本省的小型校园招聘相对更为合适。对于外商独资企业来说，其人员构成中外国人所占的比例比较高，也不具备举行校园招聘的条件，因此，比例相对较小。

从不同的公司规模来看（如表 3－12 所示），20 人以下规模的公司采用校园招聘的比例只有 34.5%，21～50 人规模的比例为 56.8%，51～100 人规模的比例为 54.2%，101～200 人规模的比例为 50.0%，201～500 人规模的比例 68.9%，500 人以上规模的比例为 71.4%。从数据可以看出，公司规模越大，就越倾向于采用校园招聘这种方式招聘新人员。校园招聘的高成本，也只有规模相对较大且实力雄厚的企业才能承受。

表 3－12　东北企业采用校园招聘受企业规模影响情况统计

企业规模	公司招聘新员工时使用校园招聘	
	是	否
20 人以下	34.5%	65.5%
21～50 人	56.8%	43.2%
51～100 人	54.2%	45.8%
101～200 人	50.0%	50.0%
201～500 人	68.9%	31.1%
501 人以上	71.4%	28.6%

2. 人才市场招聘

全国各地都有各种各样的人才招聘会，由人力资源服务机构为用人单位和人才之间双向选择提供交流洽谈场所和相关服务的中介活动。随着人才交流市场的日益完善，招聘会呈现出向专业方向细分的趋势。比如，有“金领世界”等高级人才洽谈会、应届生双向选择会、信息技术人才交流会、地产人才交流会、物流人才交流会等等。

人才市场招聘会有很多优点，一是比较直观，可见到应聘者本人，可了解应聘者的一些信息，现场进行选拔。二是参加招聘会的人员较多，可选择余地大。在人才交流洽谈会中，公司可以与应聘者直接进行接洽和面对面地交流，并可作为初次面试，对不合条件者直接淘汰，对初试合格者商定复试日期，这样公司可以缩短招聘周期，减少招聘工作量，尽快招聘到所需人才，节省了公司和应聘者的时间。三是通过参加招聘洽谈会，公司可以直观展示企业实力和风采，同时，公司招聘人员不仅可以了解当地人力资源素质和走向，还可以了解同行业其他企业的人事政策和人力需求情况，而且费用适中。

同样地，人才市场招聘也有很多的缺点，一是人才交流洽谈对招聘通用类专业的中级人才和初级人才比较有效，如初级文职人员、基层人员。应聘者的文化程度相对比较高，但研究生以上学历者很难在人才交流洽谈会见到，而且应聘者以外省市人才、应届大学生为主，高级人才、专业性比较强的稀缺人才在人才交流洽谈会上往往很难招聘到。同时，由于时间短，不能当场对应聘者进行详细的审查和评测，需要进行下一个面试或者笔试环节。二是现场招聘者个人因素，易造成对应聘人员把握不准，造成真正优秀人员的流失。另外，某些举办者太重经济效益，为追求高额利润，会前投入的广告宣传费少，往往同类人才招聘洽谈会在全市同时有多家单位举办，前来参加交流洽谈会的人才很少，由于受地理位置、公司招聘人员的特殊性以及参加招聘会人员技能等因素的影响，一般在招聘会上很难招到企业所需要的人才，浪费了公司的人力、物力。

调查显示，东北企业中采用人才市场招聘方式的比例为64.79%，而不采用这一方式的比例为35.21%，由此可见，人才市场招聘方式是东北地区企业在人员招聘时的主要方式。

从东北的不同地区来看（如表3－13所示），沈阳地区采用人才市场招聘方式的企业比例为51.5%，长春为65.1%，哈尔滨为79.2%，从这些数据可以很清晰地看出，在东北地区内部是否采用人才市场招聘方式的差异比较大，哈尔滨有接近80%的企业采用这一方式，而在沈阳只有50%左右。人才市场招聘是一种传统的招聘方式，因此，采用这一方式比例比较高的地区可能是由于这个地区发达程度以及开放程度不够高。

表3－13　东北企业采用人才市场招聘受地区影响情况统计

地　区	公司招聘新员工时使用人才市场招聘	
	是	否
沈　阳	51.5%	48.5%
长　春	65.1%	34.9%
哈尔滨	79.2%	20.8%

从不同的企业性质来看（如表3－14所示），国有企业采用人才市场这一招聘方式的比例占54.0%，城镇集体企业为50.0%，民营企业为72.9%，合资企业为67.3%，外商独资企业为70.0%，其他为76.2%。从这些数据可以看出，国有企业采用人才市场招聘方式的比例很低，而合资企业、民营企业和外商独资企业采用这一方式的比例很高。

从不同的行业来看（如表3－15所示），服务业采用人才市场招聘方式的比例很高，高达80.4%，其次是房地产行业76.9%，商品流通、制造业、高新技术产业以及金融行业的比例分别为69.8%、63.3%、58.8%和53.4%。因此，不同行业在采用人才市场招聘方式上存在差异。

表 3-14　东北企业采用人才市场招聘受企业性质影响情况统计

企业性质	公司招聘新员工时使用人才市场招聘	
	是	否
国有企业	54.0%	46.0%
城镇集体企业	50.0%	50.0%
民营企业	72.9%	27.1%
合资企业	67.3%	32.7%
外商独资企业	70.0%	30.0%
其他	76.2%	23.8%

表 3-15　东北企业采用人才市场招聘受行业影响情况统计

行　业	公司招聘新员工时使用人才市场招聘	
	是	否
制造业	63.3%	36.7%
商品流通	69.8%	30.2%
金融行业	53.4%	46.6%
房地产业	76.9%	23.1%
高新技术产业	58.8%	41.2%
服务业	80.4%	19.6%
其他	63.5%	36.5%

从不同的公司规模来看（如表 3-16 所示），规模在 20 人以下的公司采用人才市场招聘方式的比例最高，其比例为 79.5%，而 201~500 人规模的公司采用这一方式的比例为 60.0%，501 人以上规模的公司采用此方式的比例为 54.4%。从各个规模的公司采用人才市场招聘方式的比例来看，公司规模越大，就越不倾向采用人才市场招聘方式。

公司的营业额会影响企业是否采用人才市场招聘方式（如表 3-17所示），100 万元以下营业额的企业采用人才市场招聘方式的

表 3－16　东北企业采用人才市场招聘受企业规模影响情况统计

企业规模	公司招聘新员工时使用人才市场招聘	
	是	否
20 人以下	79.3%	20.7%
21～50 人	75.0%	25.0%
51～100 人	77.1%	22.9%
101～200 人	75.0%	25.0%
201～500 人	60.0%	40.0%
501 人以上	54.4%	45.6%

表 3－17　东北企业采用人才市场招聘受企业营业额影响情况统计

企业营业额（元）	公司招聘新员工时使用人才市场招聘	
	是	否
100 万以下	83.3%	16.7%
100 万～500 万	80.0%	20.0%
500 万～1000 万	88.2%	11.8%
1000 万～5000 万	55.6%	44.4%
5000 万～1 亿	50.0%	50.0%
1 亿～2 亿	61.1%	38.9%
5 亿～10 亿	76.0%	24.0%
10 亿～50 亿	46.7%	53.3%
50 亿以上	47.7%	52.3%

比例为 83.3%，规模在 500 万～1000 万元的采用这一方式的比例为 80%，1000 万～5000 万元的采用这一方式的比例为 88.2%。从总体的趋势看，营业额越高，企业采用人才市场招聘方式的比例就越低。

3. 内部员工介绍

内部员工介绍的优点有：可以节约企业搜寻人才的成本，而且内部员工比较了解被介绍人的情况，因而更直接的为企业找到适合的员工。其缺点是内部员工介绍可能会带有情感上的偏见，介绍人可能不会按被介绍人的能力来推荐，而是纯粹地因为认识而向企业推荐员工，而且介绍人很可能接受被介绍人的贿赂。

调查显示，东北公司采用内部员工招聘方式的比例仅为48.45%。由此可见，采用内部员工介绍方式并不是企业招聘新员工的主要方式。

从不同的企业性质来看（如表3－18所示），采用内部员工介绍方式比例最高的是城镇集体企业，比例高达75%，这可能是因为城镇地区人口规模小，城镇人相互认识的几率比较高，因而更容易为他人介绍工作。国有企业、民营企业、合资企业和外商独资企业采用内部员工介绍方式的比例都在50%左右。

表3－18　东北企业采用内部员工介绍招聘受企业性质影响情况统计

企业性质	公司招聘新员工时使用内部员工介绍招聘	
	是	否
国有企业	49.2%	50.8%
城镇集体企业	75.0%	25.0%
民营企业	53.1%	46.9%
合资企业	44.2%	55.8%
外商独资企业	53.3%	46.7%
其他	33.3%	66.7%

从不同的行业来看（如表3－19所示），房地产行业和高新技术产业更倾向于采用内部员工介绍这一招聘方式，其比例分别为69.2%和73.5%，金融行业采用这一招聘方式的比例为55.2%，其他行业都在40%左右。

表 3 – 19　东北企业采用内部员工介绍招聘受行业影响情况统计

行　业	公司招聘新员工时使用内部员工介绍招聘	
	是	否
制造业	40. 0%	60. 0%
商品流通	39. 5%	60. 5%
金融行业	55. 2%	44. 8%
房地产业	69. 2%	30. 8%
高新技术产业	73. 5%	26. 5%
服务业	39. 1%	60. 9%
其他	49. 2%	50. 8%

4. 猎头公司

猎头公司可以根据企业所需要的人才和职位为企业推荐大量的适应的人才，其具有广泛的人才搜索渠道，可以为企业节约成本，效率很高。但其缺点很明显，招聘需要很高的成本，而且猎头公司的服务质量参差不齐。

东北地区企业采用猎头公司招聘的比例达 65. 35%，从其比例来看，猎头公司招聘方式是一种主要的招聘方式。

外商独资企业和合资企业更倾向于采用猎头公司招聘的方式，其比例分别为 56. 7% 和 42. 3%（如表 3 – 20 所示）；国有企业、城镇集体企业以及民营企业采用猎头公司招聘方式的倾向不高。

5. 在线招聘

在线招聘也称为网上招聘，其优点明显：上午签订合同，发布广告，下午收到简历，第二天面试，效率很高；招聘成本低，几千元可以在网上发布一年的招聘信息；不受地域限制；资源丰富，信息量大；求职者方便、快捷的看到招聘信息。当然，这种方式也有

表 3－20　东北企业采用猎头公司招聘受企业性质影响情况统计

企业性质	公司招聘新员工时使用猎头公司招聘	
	是	否
国有企业	32.5%	67.5%
城镇集体企业	25.0%	75.0%
民营企业	30.2%	69.8%
合资企业	42.3%	57.7%
外商独资企业	56.7%	43.3%
其他	26.2%	73.8%

明显的缺点：由于方便而快捷的操作，使得投递的简历太多，企业招聘人员难以从中筛选出满意的简历，求职者的简历也很难脱颖而出。

东北地区企业采用在线招聘方式的比例为 51.27%，由此可见，在线招聘方式是东北地区比较倾向采用的招聘方式。

如表 3－21 所示，民营企业和合资企业比较倾向于采用在线招聘方式，其比例达到了 61.5% 和 51.9%，而国有企业，城镇集体企业采用在线招聘方式的倾向不高。

表 3－21　东北企业采用在线招聘受企业性质影响情况统计

企业性质	公司招聘新员工时使用在线招聘	
	是	否
国有企业	37.3%	62.7%
城镇集体企业	25.0%	75.0%
民营企业	61.5%	38.5%
合资企业	51.9%	48.1%
外商独资企业	43.3%	56.7%
其他	57.1%	42.9%

3.5 总 结

中国东北地区，在长期自然环境、性格因素的影响下，商业活动中并非都倾向于重义轻利，商业合作伙伴中利益关系更为明显，大部分的商业活动经营者已经意识到良好合作以及共同利益的重要性，商业惯例的影响在这里表现得十分突出，尤其是国有企业以及民营企业，在制造业、服务业、金融行业中也表现得十分突出。

中国是实行市场经济的国家，但政府仍然要对社会经济的发展进行一定的干预，对市场经济实行宏观调控。人脉关系对商业活动成败有非常重要的影响，做生意提前找关系打招呼也是非常有必要的，很多的企业都有这样的商业惯例行为，与政府打交道时也需要良好的人脉关系，做业务就是做关系，关系到位才能谈生意。国有企业和民营企业仍然是最为重视企业政府关系的两类型企业，制造业是与政府联系最为紧密的行业。

东北地区经营管理者普遍认为招投标时没有一定的人际关系是很难成功的，谈项目找中间人运作也是一件比较普遍的事情，在中间人的选择上普遍的更信任家人、亲戚、同学以及同事。可见，在招投标的过程中一些约定俗成的商业管理行为还是存在的。

在企业的招聘环节中，不同的企业在招聘方式和重视的因素上也存在一些差异，影响着企业的经营发展。

显然，在中国这个关系取向十分明显的社会，无论是个人还是企业在遇到问题时通常会想到“找关系”，这一认识早已深入到中国人生活的方方面面。

第4章

东北地区商务人员交往惯例

中国东北地区具有独特的自然环境和人文环境，这形成了东北人独特的生活方式与生活习惯，久之也逐渐形成了东北人特有的豪放粗犷、不拘小节的性格。因此在东北地区或与东北人进行商务活动时，必须要了解当地独具特色的商务交往惯例，以避免出现因不合时宜的行为而影响到双方正常的商务交往活动。

4.1 东北地区商务人员穿着与称呼惯例

4.1.1 东北地区商务人员穿着惯例

在社会中，每个人都要扮演不同的角色。为了事业的顺利发展、人际关系的融洽，根据自己的身份、所处的场合来选择符合自身社会角色的形象尤为重要。因时因地穿衣，通过着装塑造自身的社会形象是一种有效的手段。服饰礼仪是商务活动中最基本的礼仪。商务人员因工作需要，经常会与不同角色的人员交流往来，为了更好地与商务伙伴进行沟通，商务人员的形象也应随着情境的不同而改变。

在商务交往活动中，第一印象非常重要，而第一印象中的 80% 来自于着装，因此，商务人员的衣着仪表非常重要。调查研究显示，在东北地区的商务活动中，正规场合多要求商务人员穿着传统、庄重、高雅的正装。对于男性，应穿西装，系领带。除非情况特殊，切忌穿非正式的休闲装、运动装。正装的颜色通常是蓝色、灰色或黑色。对于女性商务人士，职业套装则是最佳选择。切忌穿着有透视效果或其他过于暴露的服装，也切忌佩戴过多首饰，应化淡妆。

在本次调查中，有 48% 的受访者比较赞同“在东北，商务人士在进行拜访时必须穿正装”，还有 33% 的受访者选择了“一般”，见图 4－1。可以看出在东北地区的商务拜访中，对于着装的要求还是倾向于选择正装。虽然东北人的性格粗犷豪放、不拘小节，但是对于严肃的商务拜访场合，还是需要通过严谨的正装来展现良好的第一印象。

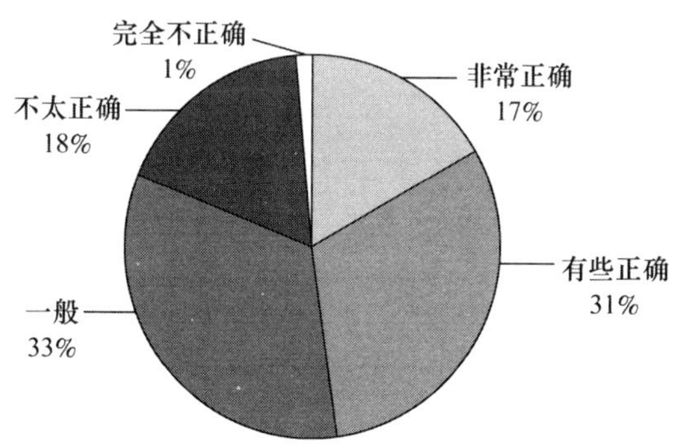

图 4－1　东北地区商务拜访中需要穿正装情况统计

在商务拜访过程中，男性与女性面临的情况往往是不同的。有些场合，同性业务员比较适合开展业务，而在另一些场合中异性业务员可能会更有优势。为了验证东北地区的情况，我们针对上面的题项进行了单因素方差分析，发现 $p = 0.007 < 0.05$，说明性别对于结果的影响是显著的（如表 4 - 1 所示）。换句话说，就是女性在商务拜访中比男性更愿意选择正装。在以男性为主导的商场中，女性确实需要通过严谨庄重的正装来保持自身的形象，从而促进合作的达成。在东北地区相对比较传统、保守的文化环境下，这一倾向也体现得比较明显。

表 4 - 1　东北地区商务拜访中选择正装（按性别分组）的单因素方差分析结果

	平方和	df	均　方	F	显著性
组　间	7.552	1	7.552	7.425	.007
组　内	356.997	351	1.017		
总　数	364.550	352			

由于企业所处的行业不同，他们与客户打交道的方式也会有所不同。我们将受访者按照行业分组后重新统计发现，处于服务业的受访者选择“非常正确”或“不正确”的比例比较高，为 58.7%（如表 4 - 2 所示），说明服务业从业者对着装更为重视，这也符合服务业发展的一般性规律。从表 4 - 2 中也可以看出，各个行业之间的差距并不是特别明显，说明大部分东北企业在商业交往中比较推崇严谨庄重的正装，当然这并不是非常严格的规定。

4.1.2　东北地区商务人员交谈与称呼惯例

在商务交往中，第一印象十分重要，它不仅包括仪容仪表，也包括言谈举止。在进行商务交往时，商务人员要意识到自己代表着

表4－2　在东北，正式拜访客户时必须穿正装（按照公司所处的行业分组）正确性

选项		制造业	商品流通	金融行业	房地产业	高新技术产业	服务业	其他	合计
非常正确		11	6	5	0	4	14	16	56
		12.2%	14.0%	8.6%	0.0%	11.8%	30.4%	25.4%	
有些正确		26	11	24	3	12	13	18	107
		28.9%	25.6%	41.4%	23.1%	35.3%	28.3%	28.6%	
一般		33	17	20	6	14	10	17	117
		36.7%	39.5%	34.5%	46.2%	41.2%	21.7%	27.0%	
不太正确		18	8	9	3	4	8	11	61
		20.0%	18.6%	15.5%	23.1%	11.8%	17.4%	17.5%	
完全不正确		2	1	0	1	0	1	1	6
		2.2%	2.3%	0.0%	7.7%	0.0%	2.2%	1.6%	
合计		90	43	58	13	34	46	63	347

自己的企业，甚至代表着自己的国家。商务人员言行应从容得体，既不畏惧自卑，也不狂傲自大，要把握好热情友好待人的具体分寸，否则，就会事与愿违，会使对方厌烦或怀疑你别有用心。在商务来往时，态度要谦虚适当，既不能一味地抬高自己，也不必妄自菲薄，同时在交谈中要尊重对方隐私，不要涉及收入支出、年龄、婚姻、健康、家庭住址、个人经历、信仰政见等较私密性的话题。

东北地区除了普通话外，当地人会说其所在地区的方言。法国美学家、历史学家泰纳（Hippolyte Taine）在其所著的《英国文学史》中提出种族、环境、时代决定个人性格的主张。东北方言的形成正符合这种思想理论。在东北地区独有的自然环境和社会环境中，东北汉民族文化与其他地域的汉民族文化、少数民族文化、外国文化相互接触、相互影响，塑造了东北人民豪爽粗犷、随和直率、乐观幽默、兼容并包等性格特点，进而成就了东北地区简洁亲切、生动形象、富于节奏感和感情色彩的地方语言。

与普通话相比，东北方言中的词缀具有种类繁多、使用频率高、意义广泛、极富表现力等地方色彩。在构词上，多加以词缀体现东北人亲切随和、坦率直白的性格，因此东北人说话开门见山，单刀直入。在称呼上，也多体现东北人热情、朴实的特点。过去中国一律称呼他人为“同志”，随着时代的变化，人们的称谓也发生着变化。调查显示（如图4－2所示），46%的受访者认为在东北对客户最常见的称呼是“姓＋职务”，这是由于东北人受官本位思想影响较深，因此在称呼上多会加以头衔，如“张局长”“李经理”等。其次有37.0%的受访者选择了“姓＋兄弟（姐妹、叔叔等）”这种称呼方式，如“李姐”“张大哥”“王叔”，这也很好地体现出了东北人热情爽朗、亲切朴实的特点。极少人选择直接称呼姓名，这种称呼方式过于生硬，也有缺乏礼貌之嫌。

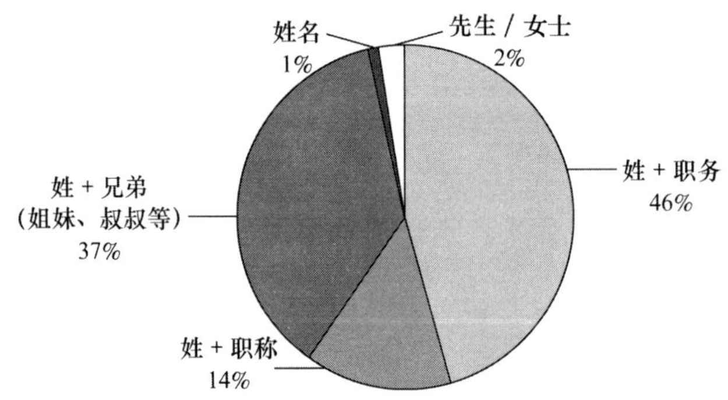

图4－2　东北人对客户最常见的称呼

通过进一步的分析发现，在东北地区，男性销售人员更倾向于选择“姓＋职务”的称呼，而女性销售人员更喜欢选择“姓＋兄弟姐妹”的称呼（如图4－3所示）。这一点可以理解，选择“姓＋职务”的称呼，表现的是对客户的尊重，通过这种尊重的感觉来引起客户对自己的好感。而女性销售人员在销售过程中更多地体现出自己的亲和力，而选择“姓＋兄弟姐妹”的称呼就可以迅速拉近双方在情感上的距离，从而赢得客户的好感。

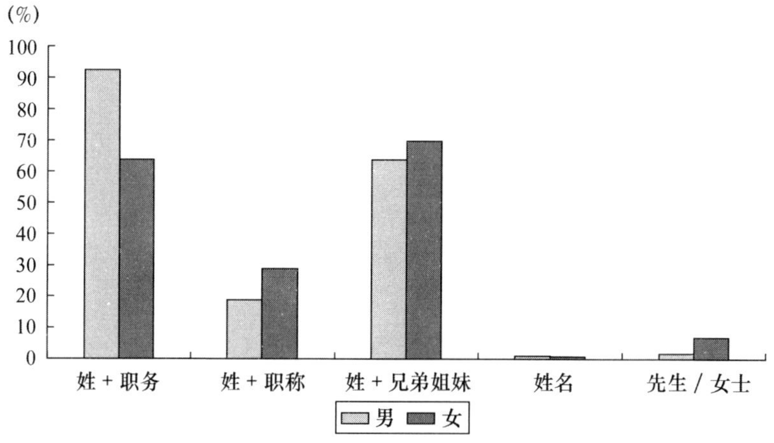

图 4－3　东北人对客户常见的称呼（按性别分组）

除了选择合适的称呼，商务交往中交谈内容的选择也是一个非常关键的问题。我们都知道，东北人非常重视感情和关系在人际交往中的作用。因此，如何通过选择合适的交谈内容来拉近双方的关系，并且最终促成合作，就成为一个很重要的问题。我们认为，想要选到合适的交谈内容，除了自身应该具备一定的语言技巧之外，还应该对对方的个人喜好有一定的了解。在本次调查中，绝大多数的受访者也支持了这一个观点（如图 4－4 所示）。有 73.0% 的受访者认为这一点非常重要，还有 23% 受访者认为这一点有点重要。可以说，几乎所有在东北市场上活跃着的销售人员在拜访顾客时，都会通过收集客户的个人喜好，选择合适的话题切入点，以拉近双方的关系。而一个优秀的业务员，就应该具备一种见微知著的能力，从客户身边的每一个细节中寻找到顾客的喜好。例如，看到客户办公桌上摆着家人的照片，就可以和客户聊聊家人的话题，孩子的教育等等；看到门后挂着一把羽毛球拍，就可以谈谈对于健身的看法和那些比较优秀的羽毛球选手。当然，销售人员更需要具备广泛的知识面，能够针对某一话题聊上几句，而不是一问三不知。在东北地区，这种能力尤为重要。由于官本位思想的影响比较明显，东北地区企业中的“一把手”的权力往往相当大，所以对于销售人员来说，对关键人物的公关也就显得尤为重要。而在这个过程中，能否和他通过交谈建立更为深入稳固的关系，也就成为销售成功与否的关键。

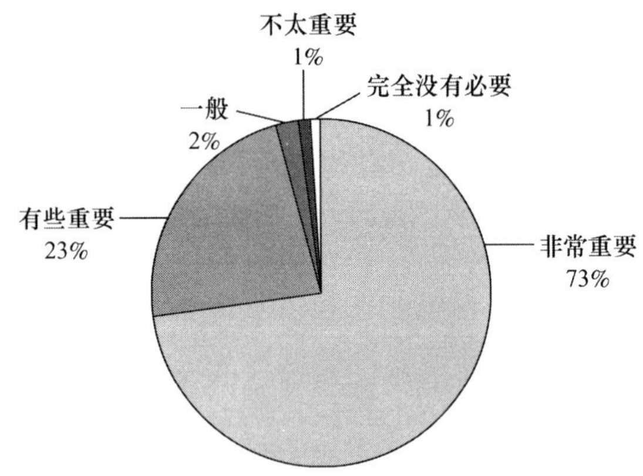

图 4-4　拜访客户时，设法了解对方的一些个人喜好的重要性

4.2　拜访时机与场所

商务拜访是营销工作一个必不可少的环节。成功的拜访有助于与客户情感的建立与增进，有助于市场的开辟与维护，有助于相关信息的获取和运用。失败的拜访不仅起不到以上积极作用，反而让客户对于拜访者的个人形象和企业形象大打折扣，进而影响产品销售。在一次成功的商务拜访中，选择合适的拜访时机与场所，是一个非常重要的因素。

4.2.1 拜访时机的选择

在进行商务拜访前，把握好拜访时机是十分重要的。如果销售人员忽视预约，无约而至，成为不速之客，有可能会打扰客户的正常工作安排，令客户心生厌烦，最终无功而返。或者销售人员虽然进行了预约，但沟通时态度生硬、语气强硬，如“我想于下周二上午去贵公司就某事拜访您”，虽未忘礼貌用语，但犹如上级对下级的命令，会令对方感到不被尊重。如果销售人员过于热情，在预约中遭拒不懈，死缠烂打，反复提约，致使客户避之不及，也不会带来好的结果。

为了避免发生这些问题，我们认为在拜访之前，销售人员应该事先通过客户的领导、朋友打声招呼，提前和客户商定好一个合适的拜访时机，取得事半功倍的效果。在调查中，有很多受访者支持这种观点，有 42.9% 的受访者认为请客户的领导、朋友提前打招呼有些重要，还有 32.8% 的受访者认为非常重要，见图 4 - 5。这也说明，在正式拜访之前请中间人提前介绍一下，是大部分东北企业采用的商业惯例之一。

在进一步的分析中，我们将数据按照所在行业进行分组，发现

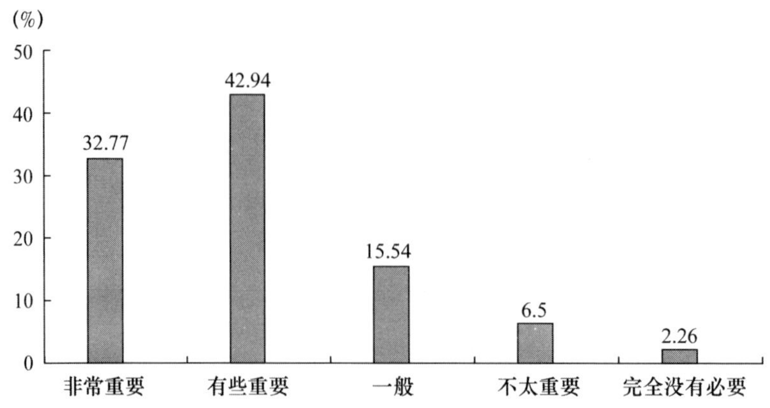

图4－5　拜访前通过客户的领导、朋友等打声招呼的重要性

不同行业的从业者对于这个问题的态度还是存在着一定的差异（如表4－3所示）。

表4－3　在拜访前通过客户的领导、朋友等打声招呼（按照公司所处行业分组）的重要性

		制造业	商品流通	金融行业	房地产业	高新技术产业	服务业	其他	合计
非常重要	个案数	30	8	25	4	8	16	24	115
	比例	33.3%	18.6%	43.9%	30.8%	23.5%	34.8%	38.1%	
有些重要	个案数	40	23	23	7	14	17	26	150
	比例	44.4%	53.5%	40.4%	53.8%	41.2%	37.0%	41.3%	
一般	个案数	11	8	7	0	9	9	7	51
	比例	12.2%	18.6%	12.3%	0.0%	26.5%	19.6%	11.1%	
不太重要	个案数	7	4	2	0	2	3	5	23
	比例	7.8%	9.3%	3.5%	0.0%	5.9%	6.5%	7.9%	
完全没有必要	个案数	2	0	0	2	1	1	1	7
	比例	2.2%	0.0%	0.0%	15.4%	2.9%	2.2%	1.6%	
合计		90	43	57	13	34	46	63	346

其中，金融行业和房地产行业的倾向性最为明显，均有超过80%的受访者选择了“非常重要”或者“有些重要”。从行业特点

来看，这两个行业确实是非常重视社会关系在企业商务往来中间的影响。在东北地区，金融行业和房地产业都是对地方经济有着举足轻重的影响的行业，很多企业即使不从事这些行业，也会和这些行业的企业打交道。因此，东北企业在与这些企业打交道的时候，应该充分利用中间人的影响力。

4.2.2 拜访地点的选择

商务拜访可以选择的地点有两类，一是公众场合，如公司；二是私人场合，如家庭。具体选择哪种场合，要根据拜访的目的以及对象来确定。同一个客户，在不同的环境中就可能有风格迥异的思维方式和行为方式。在公众场合，他可能会表现得比较认真、严肃、专业，可是在私人场合，他就可能会变得热情、随和、积极。而在东北地区，由于关系在人际交往中的作用尤为突出，很多时候销售人员都希望与客户建立比较紧密的人际关系，然后通过这种关系来促成企业与企业之间的合作。因此，我们认为，销售人员一方面应该通过公众场合的拜访，让客户充分了解本公司的业务技术，另一方面更应该努力争取与客户在私人场合建立联系，加深双方的关系。

问卷调查统计结果显示，在给出“在私下的场合谈生意更容易成功”的判断选择时，有 17.8% 的被调查者表示非常同意，41.7% 的被调查者表示同意，还有 27.9% 的被调查者选择了“不确定”，仅有 11.3% 和 1.4% 的被调查者表示“不太同意”和“完全不同意”，见图 4-6。这表明，很多东北商务人员都会想方设法地与客户在私人场合进行交流，以便促成合作。焦点小组访谈结果也显示，现在东北人谈生意时很喜欢选在茶楼和浴室这两个非常私密的空间里，在这种环境下双方可以进行比较深入的交流，有助于双方关系的发展。

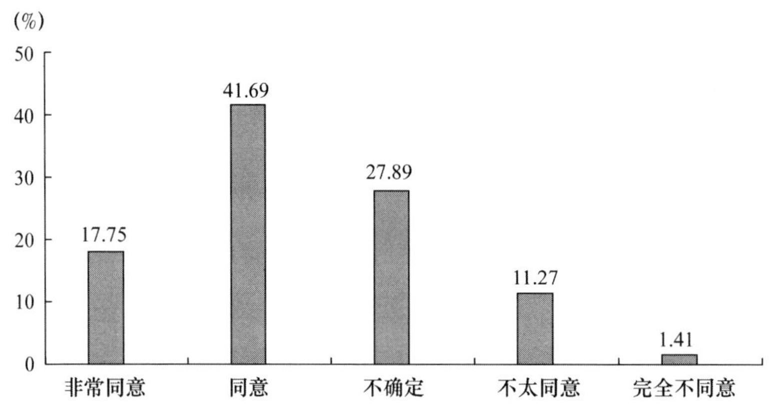

图4－6　对“在私下的场合谈生意更容易成功”的认识

4.3　宴会与礼物

东北地区地域广阔、气候寒冷、物产丰富，加之历史上渔猎游牧等生产方式，造就了东北人豪放粗犷、不拘小节的性格特点，形成了东北人民大块吃肉、大碗喝酒的生活习俗。这些特点和习俗在商务宴请与礼物馈赠方面有着充分的体现。

4.3.1　商务宴请

1. 东北客户接受商务宴请与合作意向的关系

中国人有一句老话，叫“民以食为天”。儒家思想的代表人物孔子也说过：“食色，性也”“食不厌精，脍不厌细”。可见，中国人对于饮食的重视已经深入骨髓。吃饭在中国不仅仅是一种满足生理需要的活动，更是一个附带了很多含义的文化符号。饮食文化，已经渗透到中国人日常生活的方方面面，而商务宴请，自然也不能例外。

商务宴请，也就是带有商务性质或者说是商务目的的宴请活动。它是商务交往活动的重要组成部分。访谈调查中我们了解到，在东北“酒桌上谈成的生意比谈判桌上的还要多”。可见，商务宴请在东北商务人员交往的过程中起到了极为重要的作用。

问卷调查显示，有 58.9% 的受访者认为交际应酬是“非常重要”的，32.7% 的受访者认为“有些重要”，两者之和超过了 90%，见图 4 –7，说明在东北地区的商务人员交往过程中，商务宴请扮演了重要的角色。

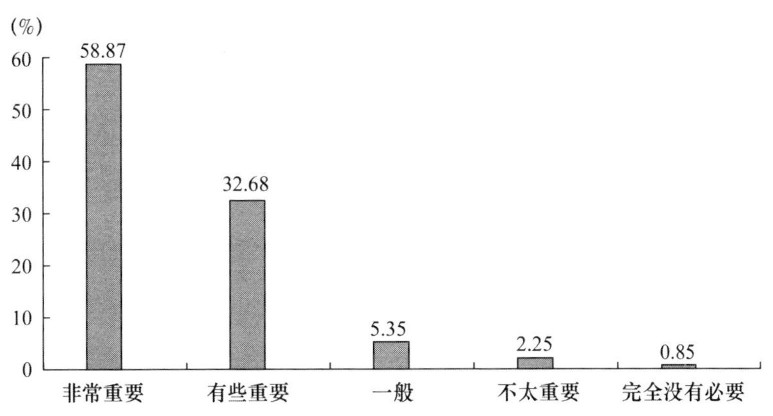

图 4 –7　在东北做生意的时候交际应酬的重要性

值得注意的是，针对这一题项，课题组分别检验了地区、行业、企业性质、企业规模等多个变量，均未发现有差异性。也就是说，商务交往中的“交际应酬”在东北不同地区、不同行业和不同性质的企业里是一种极为普遍的现象。

此外，客户对商务宴请邀约的态度也能反映出其合作的意愿。访谈结果显示，在东北地区，客户愿意和你吃饭，你就成功了一半，客户愿意经常和你吃饭，这个生意基本上就成了。

进一步研究发现，接受客户的商务宴请邀约与达成合作的意愿与年龄呈正相关关系。也就是说，同样接受客户宴请，年长者往往比年轻人更有合作意愿。这是因为年长者在接受邀请之前会认真考虑双方合作的可能性，如果没有合作的可能，一般会委婉拒绝。

2. 东北地区商务宴会上的酒文化

中国有句俗语叫做“无酒不成席”，在商务宴会上双方如果不能尽兴喝酒，往往意味着生意难以谈成，这一现象在东北地区表现得尤为明显。东北人大都酷爱饮酒，而且喜欢豪饮。“感情深，一口闷”这句话常挂在东北人嘴边。在酒桌上，东北人谈话多一语破的，直来直去，遮遮掩掩、吞吞吐吐则被认为是不透亮、不实在、不可交。商务宴会上，主人为了显示热情好客以及真诚合作的意愿，会频频向客人敬酒，直至一醉方休。

不过访谈中也发现，现在的东北人喝酒已不像以前那样豪放了，尤其在新一代的年轻人之间，拼命劝酒的情况越来越少见。但商务宴会上的酒文化依然在延续着，喝酒依然是商务人员增进双方感情的重要载体和纽带。

4.3.2 礼物馈赠

赠送礼品是礼仪的一种体现，也是一种感情的传递，能使双方之间架起一座互通的桥梁。礼物馈赠是人类社会中最为重要的社会交换方式之一。在中国，送礼行为还会受到“礼”“人情”“面子”“报”“关系”等这些独特的传统文化价值观的影响。

东北人送礼非常讲究实惠，即注重礼物的实用价值。东北人送礼的目的性是很强的，尤其是在商务领域，为了与客户建立良好的人际关系从而达到谈成生意的目的，业务人员在拜访客户时常常不会空手而去。

调查结果显示，29.6%的被调查者认为“私下里空手去拜访客户是一件非常难为情的事情”这句话非常正确，27.6%的被调查者认为有些正确，认为一般的占 19.2%，认为不太正确及完全不正确的仅分别为 19.4%和 4.2%，见图 4－8。

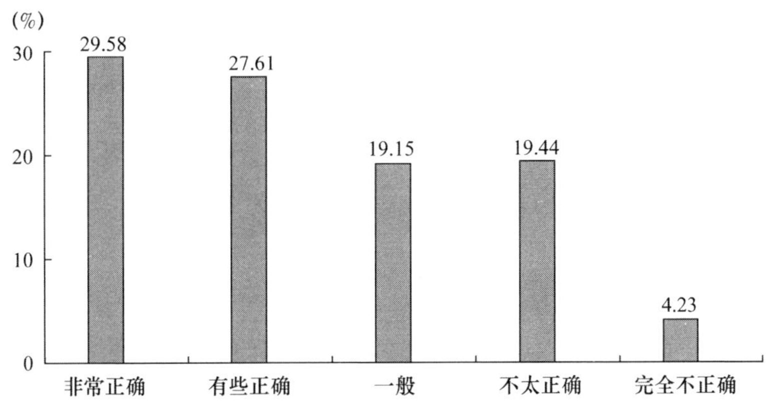

图 4－8　对“私下里空手去拜访客户是一件非常难为情的事情”的评价

可以看出，在东北地区，大多数商务人员都认为私下里拜访客户应该带上一些礼物，否则就会感到难为情。这也提醒我们，在东北地区拜访客户时适当送些小礼物是很有必要的。但要注意，在当前中国政府大力反腐的背景下，商务人士在馈赠客户礼物时礼物不要过重，只要能表达心意即可，否则很可能会被认定为“商业贿赂行为”而遭到法律的制裁。同时，中国的送礼文化中又有“礼轻人意重”的说法，客户能够体会到业务人员的一片心意就足够了。

4.4 总　结

《礼记》曰：“道德仁义，非礼不成；教训正俗，非礼不备；分争辩论，非礼不决；君臣上下父子兄弟，非礼不定。”可见礼仪在规范人们行为、维系人们关系、促进社会交往、维护社会稳定等方面发挥着重要作用。同样，礼仪在商务活动中也起着举足轻重的作用。在东北地区进行商务交往时，忽视当地的商业惯例无疑会给双方的顺利交往带来一定的阻碍。礼仪和礼节是一种方法和手段，一些问题的产生和解决都是与礼仪和礼节有关的。做得不好，会产生摩擦和阻力，影响正常的商务来往①；做得好，促进合作，有利于实现双赢。

随着东北经济的飞速发展，东北的商务活动也越来越复杂化、规范化。商务礼仪不仅仅局限于原有的东北地区的习惯，也受到外来文化的影响和冲击。在商务活动中，商务用语、着装、商务拜访、商务宴请与礼物馈赠等应用十分广泛，可以说贯穿了整个商务活动过程。

---

① 殷庆林：《商务谈判》，东北大学出版社 2004 年版，第 142 页。

通过本次调查我们发现，东北地区的商务人员交往惯例不仅仅受到地域社会文化的影响，表现出非常明显的关系导向，非常重视关系的建立和维护，同时随着经济发展水平的提高，也不断地吸收着一些新惯例，修正着一些旧惯例。基于这样的现状，在东北市场上生存的企业，如何适应这些惯例，并且让这些惯例为自己所用，是值得每一个在东北地区开展商务活动的企业深思的课题。

第5章

东北地区企业招商规则与谈判惯例

古语有云："离娄之明，公输子之巧，不以规矩，不成方圆。"由此演变而来的俗语是"无规矩，不成方圆"，这句话强调的是做任何事情都要有一定的规矩和规则，否则就无法成功。

5.1 东北地区企业的招商规则

5.1.1 招商规则的含义

招商是一种重要的商业行为，是甲乙双方达成商业共识并最终促成合作的重要途径之一。根据《中华人民共和国商法》及其他相关文献的定义，招商即招揽商户，是指发包方将自己的服务、产品面向一定范围进行发布，以招募商户共同发展。如今，招商活动已极为普遍，在商业社会中发挥着极为重要的作用，不仅生产企业需要招商，流通企业也需要招商。企业通过招商活动，可以快速建立有效的营销渠道，完成单靠企业自身无法实现的渠道功能。招商是一种双赢的合作方式，发布方通过招商，可以获得优质的外部资源，迅速建立产品销售渠道，从而大大加快市场渗透步伐，获得市场先机；而承担项目的一方也会得到相应的报酬，双方皆可从中获益。此外，对政府或国家而言，招商是拉动经济增长的强大动力，它可以扩大生产投入，提升经济总量，推动产业结构调整，加快政府职能转变。

规则，一般指群体成员共同制定、公认或由代表人统一制定并通过的，由群体里的所有成员一起遵守的条例和章程。规则具有普遍性，它存在三种形式：明规则、潜规则、元规则。明规则是有明文规定的规则；潜规则是无明文规定的规则，约定俗成，无局限性，可弥补明规则的不足之处；元规则是一种以暴力竞争解决问题的规则。

规则具有制约性。社会由种种规则维持着次序，不管这种规则是人为设定的还是客观存在的，只要是规则，便具有制约性。因为规则都具有绝对的或相对的约束力。人的行为要受到一定的约束和规范，不可任性而为之，只有在一定的范围内得到许可的行为才是可行的行为。这种许可包括自然界的许可、社会的许可及他人的许可，这就是规则的制约性表现。在这种制约性中，包含着个体切身的利害关系，因此规则的制约性是普遍存在的，是不可消除的。

规则无处不在，在招商活动中自然也存在着各种或明或暗的规则。概括地说，招商规则是指招商活动中的主客体在招商的过程中所遵循的条例、章程或者不成文规定。招商规则在招商活动中发挥着重要的作用，对招商的双方都有强制或非强制的约束力，从而在一定程度上保证招商活动的正常进行。

5.1.2　招商规则对企业行为的影响

招商规则具有约束发起者和承担者双方行为的作用。对企业来说，首先，招商规则的变化可以导致企业行为的改变。在新规则下，为了争取更大的利益，企业会有意调整自己的行为。例如 19 世纪中叶，大英帝国向殖民地澳大利亚运送大量囚犯，当时的帝国政府与船主商定：按上船的囚犯人数付费。未料想船主为了多载囚犯多赚英镑，竟然不顾卫生条件、生活条件而超载运输囚犯，并且在航海过程中为了最大限度地减少成本而虐待囚犯，结果导致大量囚犯非正常死亡。这件事引起英国舆论一片哗然，英国政府先后采取的办法有派牧师上船教化、派医生治病、派官员监管船主等，结果都无济于事。后来，英国政府将付款方式做了改变，宣布按实际到岸囚犯数量付款，这一问题最终得到解决。其次，招商规则可以改变交易成本。这一作用可以用“科斯定理”来解释，“科斯定理”是指在一个零交易成本世界里，不论如何选择法律配置资源，只要交易自由，总是会产生高效率的结果；而在现实交易成本存在的情况下，使得交易成本最小化的法律是最适当的法律。科斯认为，不同的制度安排，会带来不同的资源配置结果。美国华盛顿大学的教授诺斯（Douglass C. North）将科斯的理论概括为：当存在交易成本时，制度是至关重要的。招商过程中的规则可以理解为“斯科定律”中的制度，不同的招商规则会对招商的成本产生不同的影响。

5.1.3 东北地区企业招商中的规则

由于在社会文化、经济发展水平、自然资源、人口状况、政治法律及科学技术水平等诸多方面存在着事实上的差异，每个地区的招商规则都会具有明显的地域特色。从整体上来看，中国东北地区长期受计划经济的影响，国有企业在商业活动中居于绝对主导的地位，市场经济发展程度远不如东南沿海地区，因而在遵从市场规则方面意识较为淡漠。本次调查显示，东北地区企业招商规则不太注重契约精神，潜规则多于明规则，招商规则更注重的是关系和个人情感，透明度不高，容易出现陪标现象。东北地区政府对经济的干预程度较高，政府招商占据了比较大的比例。在政府发起的招商中，通过礼品等方式对政府进行公关的企业更容易获得投标。而在企业与企业之间的招标中，与政府发起的招标不同，企业与企业之间更需要的是双赢，而不是单赢。

1. 人际关系对招商活动的总体影响

人际关系是人们在生产或生活中所建立的一种社会关系，它是一种人与人的交往关系，如亲属关系、朋友关系、同学关系和同事关系等。在中国，企业利用人际关系获得商业机会，是一种较为常见的现象，尤其是在注重人情与关系的东北地区，这种现象更为明显。本次调研结果表明，人际关系对东北地区企业的招商具有重要的影响，在竞标时，良好的人际关系往往是成功的基础。

在东北地区，投标的企业即使实力强大、能够为招标商提供更加低价优质的服务，也可能被拥有良好人际关系的公司挤下去。FGI

和深度访谈结果都证实了这一点。一些受访的企业高管表示，在竞标过程中，即使投标企业实力很强，也可能会因为没有良好的人际关系而落标。甚至有些招标方会刻意设计某些与项目不太相关的指标将一些最适合的企业过滤掉，如要求投标方必须具有某些资质等。

2. 人际关系对不同性质的企业招商活动的影响

调查结果显示，不论企业的性质如何，在招商过程中没有一定的人际关系都是很难中标的，具体见表5-1。

表5-1　不同性质的企业对人际关系在招商活动中作用的评价

企业性质		在招商过程中，没有一定的人际关系是很难成功的				
		非常正确	有些正确	一般	不太正确	完全不正确
国有企业	个案数	51	54	9	10	2
	百分比	40.5%	42.9%	7.1%	7.9%	1.6%
城镇集体企业	个案数	1	1	2	0	0
	百分比	25.0%	25.0%	50.0%	0	0
民营企业	个案数	39	37	10	7	3
	百分比	40.6%	38.5%	10.4%	7.3%	3.1%
合资企业	个案数	19	26	3	3	1
	百分比	36.5%	50.0%	5.8%	5.8%	1.9%
外商独资企业	个案数	12	14	1	3	0
	百分比	40.0%	46.7%	3.3%	10.0%	0
其他	个案数	14	17	6	4	1
	百分比	33.3%	40.5%	14.3%	9.5%	2.4%

根据本书第3章的研究结论可知，整个东北地区都处在一个重人情、重关系的社会氛围中，因此，在招商过程中人际关系必然会扮演着极为重要的角色。由于历史的原因，国有企业在东北地区占据着主导地位，这些企业往往能通过人际关系在投标中获得成功。

在这种竞争环境下，其他性质的企业要想在招商活动中胜出，也不得不寻求人际关系的庇护。尤其是在各方实力相近的情况下，人际关系往往是招商活动中最为关键的因素。

3. 人际关系对不同行业招商活动的影响

调查结果显示，在东北地区，几乎所有的行业在招商过程中都深受人关系的影响，具体见表5－2。

表5－2　　　　人际关系对不同行业招商活动的影响

企业所处的行业		在招商过程中，没有一定的人际关系是很难成功的				
		非常正确	有些正确	一般	不太正确	完全不正确
制造业	个案数	33	41	6	9	1
	百分比	36.7%	45.6%	6.7%	10.0%	1.1%
商品流通	个案数	16	19	4	3	1
	百分比	37.2%	44.2%	9.3%	7.0%	2.3%
金融行业	个案数	26	25	4	3	0
	百分比	44.8%	43.1%	6.9%	5.2%	0
房地产业	个案数	6	5	1	0	1
	百分比	46.2%	38.5%	7.7%	0	7.7%
高新技术产业	个案数	11	17	3	2	1
	百分比	32.4%	50.0%	8.8%	5.9%	2.9%
服务业	个案数	15	19	4	7	1
	百分比	32.6%	41.3%	8.7%	15.2%	2.2%
其他	个案数	28	22	8	3	2
	百分比	44.4%	34.9%	12.7%	4.8%	3.2%

表5－2表明，东北地区不同行业的企业均认可人际关系在招商活动的重要作用，且行业差异较小，甚至在高新技术这样靠硬实力说话的行业也不例外。可见在东北这个市场经济不发达的地区，人际关系对招商活动的影响之大。

4. 人际关系对不同规模的企业在招商活动中的影响

调查显示，东北地区企业无论规模大小，在招商活动中都会受到人际关系的重要影响，而且规模越大的企业，越认可关系的重要性，具体见表5-3。

表5-3　　人际关系对不同规模的企业招商活动的影响

公司人员规模		在招商活动中，没有一定的人际关系是很难成功的				
		非常正确	有些正确	一般	不太正确	完全不正确
20人以下	个案数	9	11	5	3	1
	比例	31.0%	37.9%	17.2%	10.3%	3.4%
21~50人	个案数	16	15	7	4	2
	比例	36.4%	34.1%	15.9%	9.1%	4.5%
51~100人	个案数	14	27	5	1	1
	比例	29.2%	56.3%	10.4%	2.1%	2.1%
101~200人	个案数	14	11	1	1	1
	比例	50.0%	39.3%	3.6%	3.6%	3.6%
201~500人	个案数	18	18	4	4	1
	比例	40.0%	40.0%	8.9%	8.9%	2.2%
501人以上	个案数	60	64	9	13	1
	比例	40.8%	43.5%	6.1%	8.8%	.7%

从表5-3可以看出，规模在100人以上的企业比100人以下的企业更加认同“在招商时，没有一定的人际关系是很难成功的”这一观点。

规模较大的企业参与招商的项目标的往往比较大，竞标成功后获得的利益也更高，因此，这类项目的竞争通常会非常激烈。为了在竞标中获胜，这类企业更倾向于广泛利用人际关系来增加中标的筹码。而规模较小的企业竞标的标的一般较小，项目的收益有限，加之中小企业往往缺乏人际关系基础，所以这类企业参与招商活动时对人际关系的依赖相对小一些。

5. 中间人对招商活动的影响

在招商活动中，寻找中间人帮忙实际上是人际关系的一种具体应用。中间人利用强大的社会关系或是自身的影响力，往往会给寻求竞标的企业以极大的帮助，甚至会成为左右项目竞标结果的关键因素。在东北企业的招商过程中，几乎到处都有中间人的身影，他们以掮客的身份在招投标双方之间左右逢源，大显身手。

（1）不同性质的企业对中间人在招商活动中作用的评价。问卷调查结果显示，对“招商时找中间人帮忙运作”这一问题的回答中，受访的国有企业认为“非常重要”和“有些重要”的比例分别为31.7%和42.9%，城镇集体企业分别为25.0%和50.0%，民营企业分别为37.5%和36.5%，合资企业分别为23.1%和51.9%，外商独资企业分别为6.7%和50.0%，具体见表5－4。

表5－4　不同性质的企业对中间人在招商活动中作用的评价

企业性质		招商时找中间人帮忙运作				
		非常重要	有些重要	一般	不太重要	完全没有必要
国有企业	个案数	40	54	23	9	0
	百分比	31.7%	42.9%	18.3%	7.1%	0
城镇集体企业	个案数	1	2	0	1	0
	百分比	25.0%	50.0%	0	25.0%	0
民营企业	个案数	36	35	21	2	2
	百分比	37.5%	36.5%	21.9%	2.1%	2.1%
合资企业	个案数	12	27	7	2	4
	百分比	23.1%	51.9%	13.5%	3.8%	7.7%

续表

企业性质		招商时找中间人帮忙运作				
		非常重要	有些重要	一般	不太重要	完全没有必要
外商独资企业	个案数	2	15	10	1	2
	百分比	6.7%	50.0%	33.3%	3.3%	6.7%
其他	个案数	9	22	7	1	3
	百分比	21.4%	52.4%	16.7%	2.4%	7.1%

总体而言，无论何种性质的公司，他们在招商时都倾向于找中间人帮忙运作。但不同性质的企业是有一定差异的，国有企业最看重中间人的作用，民营企业次之，外企的看重程度相对要低一些。

通过进一步分析可知，国有企业通常会竞标政府的大型项目，利用与政府关系熟悉的中间人可大大提高获得项目的可能性，因此国有企业尤为重视中间人在招商中的重要作用。民营企业通常竞争实力有限，在竞标过程中也离不开中间人的帮助。合资企业一般具备国有企业和外资企业的特点，因而谈项目找中间人的重要性介于国有企业和民营企业之间。外商独资企业对中间人的依赖程度相对较低主要有三方面的原因。首先，当地为了引进外资和吸收外国先进技术，外资企业往往会受到更为优惠的政策支持，中间人的作用因此被弱化；其次，外资企业管理更为规范，企业内部的合规很严，很多外资企业是不允许寻求中间人介入招商活动中的。第三，外资企业本身实力较为强大，资金和技术上的优势可帮助其在招商活动中获得优势。当然，处在东北这个讲人情、重关系的大环境下，外资企业在招商活动中也不可能完全抛弃中间人的作用，只是寻找中间人帮忙运作的意愿相对较低一些。

（2）不同行业的企业对中间人在招商活动中作用的评价。问卷调查结果表明，在对“招商时找中间人帮忙运作”问题的评价上，不同行业的企业都认为非常重要或比较重要。制造业企业的这一比例分别为27.8%和51.1%，商品流通业分别为23.3%和44.2%，金融行业分别为29.3%和48.3%，房地产行业分别为53.8%和23.1%，高新技术产业分别为26.5%和20.6%，服务业分别为28.3%和41.3%，具体见表5－5。

表5－5　不同行业的企业对中间人在招商活动中作用的评价

企业所在的行业		招商时找中间人帮忙运作				
		非常重要	有些重要	一般	不太重要	完全没有必要
制造业	个案数	25	46	11	5	3
	百分比	27.8%	51.1%	12.2%	5.6%	3.3%
商品流通	个案数	10	19	11	2	1
	百分比	23.3%	44.2%	25.6%	4.7%	2.3%
金融行业	个案数	17	28	12	1	0
	百分比	29.3%	48.3%	20.7%	1.7%	0
房地产业	个案数	7	3	1	0	2
	百分比	53.8%	23.1%	7.7%	0	15.4%
高新技术产业	个案数	9	7	14	3	1
	百分比	26.5%	20.6%	41.2%	8.8%	2.9%
服务业	个案数	13	19	11	2	1
	百分比	28.3%	41.3%	23.9%	4.3%	2.2%
其他	个案数	19	32	6	3	3
	百分比	30.2%	50.8%	9.5%	4.8%	4.8%

根据表5－5的统计数据，在东北地区，无论身处何种行业，企业在招商活动中都非常认可中间人的重要作用。这其中，房地产行业对中间人的作用最为依赖，高新技术产业对中间人的作用依赖度

相对最低。这是因为，房地产行业在获得土地方面必须要与政府打交道，而一些关键的中间人因与政府关键人物关系密切或是熟悉政府项目流程而为房地产商所重用。对于高新技术企业来说，拥有过硬的技术是很重要的，因此，这类企业在招商活动时不会像房地产商那样看重中间人的作用。

（3）不同规模的企业对中间人在招商活动中作用的评价。问卷调查结果显示，不管公司的规模有多大，东北企业在谈项目时都倾向于寻找中间人帮忙运作。不同规模的企业认为中间人在招商活动中“非常重要”和“有些重要”的个案数和百分比见表5－6。

表5－6　不同规模的企业对中间人在招商活动中作用的评价

企业人员规模		招商时找中间人帮忙运作				
		非常重要	有些重要	一般	不太重要	完全没有必要
20人以下	个案数	10	9	7	0	3
	百分比	34.5%	31.0%	24.1%	0	10.3%
21～50人	个案数	9	20	11	4	0
	百分比	20.5%	45.5%	25.0%	9.1%	0
51～100人	个案数	14	23	8	3	0
	百分比	29.2%	47.9%	16.7%	6.3%	0
101～201人	个案数	8	14	5	1	0
	百分比	28.6%	50.0%	17.9%	3.6%	0
201～500人	个案数	14	17	8	2	4
	百分比	31.1%	37.8%	17.8%	4.4%	8.9%
501人以上	个案数	43	68	27	6	3
	百分比	29.3%	46.3%	18.4%	4.1%	2.0%

项目中间人往往掌握了许多项目双方的关键信息，通过这些项目中间人，可以提高项目的成功率。规模较小的企业，其本身的实

力不够强大，单纯依靠自身的实力，可能很难谈成项目；而规模较大的企业，也可以通过项目中间人，更好地谈成项目。

（4）不同行业的企业在招商活动时对中间人的信赖情况。在“谁是最值得信赖的项目中间人”这一问题的选项上，所有行业类型的企业均将“家人及亲戚”排在了第一位，其中又以金融行业和房地产行业比例最高，分别为 69% 和 61.5%，即使是比例最低的高新技术企业也达到了 39.4%。具体统计数据见表 5－7。

表 5－7　不同行业的企业在招商活动时对中间人的信赖情况

企业所在的行业		招商活动中，最值得信赖的中间人				
		家人及亲戚	同学及同事	同乡	朋友	中介机构
制造业	个案数	47	26	1	11	5
	百分比	52.2%	28.9%	1.1%	12.2%	5.6%
商品流通	个案数	22	7	2	4	7
	百分比	52.4%	16.7%	4.8%	9.5%	16.7%
金融行业	个案数	40	11	1	4	2
	百分比	69.0%	19.0%	1.7%	6.9%	3.4%
房地产业	个案数	8	3	0	0	2
	百分比	61.5%	23.1%	0	0	15.4%
高新技术产业	个案数	13	12	2	5	1
	百分比	39.4%	36.4%	6.1%	15.2%	3.0%
服务业	个案数	26	10	0	6	4
	百分比	56.5%	21.7%	0	13.0%	8.7%
其他	个案数	34	17	0	3	7
	百分比	55.7%	27.9%	0	4.9%	11.5%

在中国，维系人们关系的三大纽带分别是血缘、学缘和地缘，其中又以血缘关系最为可靠。此次针对东北地区的调查研究也充分证实了这一点。以最为典型的金融行业为例，不少从业者入行是得

益于家人、亲戚的影响或帮助。将家人和亲戚拉近圈子里相互帮助，是很多从业者最真实的想法。因此，在东北企业的招商活动中，家人和亲戚自然而然就成为最可信赖的中间人。

5.2 东北地区的商务谈判惯例

商务谈判是指人们为了协调彼此之间的商务关系，满足各自的商务需求，通过协商对话以争取达成某项商务交易的行为和过程。在市场经济条件下，商务谈判活动需要遵循四个原则：一是平等自愿、协商一致；二是有偿交换、互惠互利；三是合法；四是时效性。从商务谈判活动所遵循的原则可以看出，商务谈判是以获取经济效益为目的的，谈判双方以谈判的方式，实现各自的利益，最终达到双赢。惯例是指通常、习惯的做法，不同地区的商务谈判惯例会因环境的差异而有所不同。

5.2.1 商务谈判的作用及商务谈判惯例对企业的影响

1. 商务谈判的作用

商务谈判对企业发展的意义重大。首先，商务谈判是实现企业经济利益的一种手段。相比其他的谈判，商务谈判是最注重经济效益的，谈判者在谈判过程中注重的是成本、效率和效益，没有经济效益的商务谈判是没有意义的。其次，商务谈判能够为企业带来新的市场信息。在与谈判方进行谈判的过程中，企业能够获悉更多有价值的市场信息。第三，商务谈判能够帮助企业开拓市场。成功的商务谈判能够促成企业的合作，开拓企业以前没有触及的市场。

2. 商务谈判惯例对企业的影响

商务谈判惯例对企业有重要的影响。首先，商务谈判惯例可以降低不确定性。如果没有惯例，商务谈判的不确定性会增加。有了谈判惯例，谈判双方可以依据惯例进行谈判前的准备、谈判中的协商和谈判后的工作，从而有例可循。其次，商务谈判惯例可以改变谈判成本。高效的商务谈判惯例会降低企业的谈判成本，而低效的商务谈判惯例则会增加企业的谈判成本。

5.2.2 东北地区商务谈判的特点

东北人性格豪爽、直率，胆子大，敢做敢为，江湖义气浓厚，喜欢结交朋友，这些性格特点在东北企业的谈判惯例中有明显的体现。另外，东北地区长期受计划经济体制的影响，市场经济不发达，商业氛围不浓，契约精神不足。这些因素使得东北地区商务谈判呈现直截了当、不重视契约、效率较低以及纪律不够严明的特点。

1. 谈判风格直截了当，不兜圈子

问卷调查结果显示，67.2%的被调查者认为东北地区商务谈判的风格是“直截了当，不兜圈子”，仅有32.8%的被访者对此持否定态度，见图5－1。

“直截了当，不兜圈子”谈判风格与东北人豪放的性格有着密切的关系，是东北人性格在谈判桌前的最真实的反映。

2. 契约精神缺失，容易感情用事

调查结果显示，大部分东北企业在谈判时不注重契约精神，见

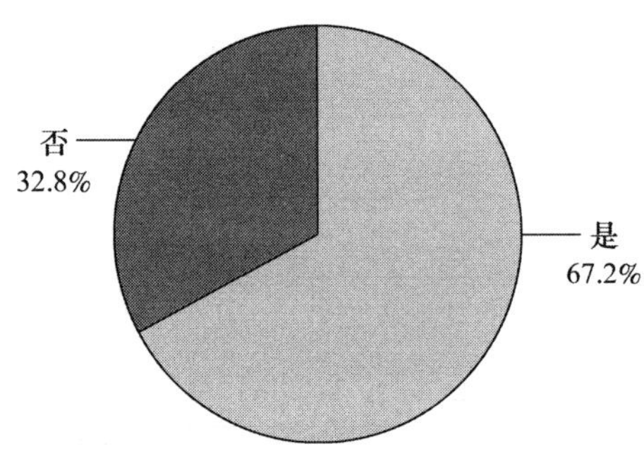

图5-1 对“直截了当，不兜圈子”的谈判风格的认可情况

图5-2。调查发现，75.1%的被调查者否认“东北企业在谈判中非常重视契约”，这说明契约精神在东北商业活动中并未得到应有的尊重。不重视契约而重视情感，在谈判时或许会比较容易达成共识，但在之后的合作过程中容易引起争议和矛盾。由于不习惯通过契约来约定谈判双方的责权利，一旦产生纠纷和争议，就很难解决。谈判时再好的口头承诺，也抵不上一纸契约。因此，在东北地区，企业商务谈判达成的口头共识多，但最终的落实往往缺乏应有的法律保障。

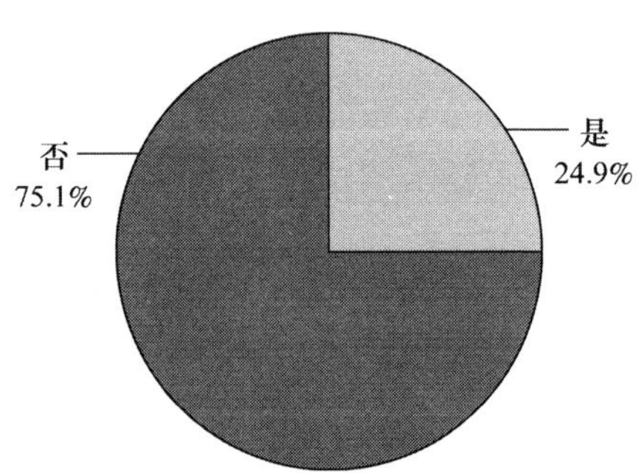

图5-2 对谈判时不重视契约精神的情况统计

东北地区企业在商务谈判时不重视契约精神的原因是多方面的。一是东北地区国有企业占据主导地位，计划经济体制的影响根深蒂固，造成了当地企业现代的商业意识较为淡漠，对契约的重要性认识不够。二是东北人性格豪爽，注重义气，不关注细节。因此，东北人在商务谈判时，如果重视契约，注重细枝末节，就会造成谈判双方心理上的不舒服，认为对方不信任自己，从而影响双方的进一步合作。

显然，不重视契约对谈判双方都是非常不利的，容易为今后的合作埋下隐患，整体上也不利于当地企业的健康发展。近年来，东北三省经济发展缓慢，GDP 增速在全国排名靠后，这与当地落后的商业意识和习惯不无关系。

3. 商务谈判不注重效率，谈判纪律不够严明

调查结果显示，东北地区企业在商务谈判时普遍不注重效率。其原因主要有以下几点：首先是经济发展水平不高，人们的生活节奏缓慢，缺乏足够的时间观念；二是东北地区长期的计划经济体制使得当地企业的竞争意识较差，没有形成“效率就是金钱”的现代企业经营意识；三是东北人性格豪爽，爱好交友，有时容易公私不分，喜欢先交朋友再谈生意，往往造成谈判时间冗长，效率低下。

此外，东北企业的谈判纪律不够严明，随意性较强。调查结果显示，有高达 82.5% 被访者认可这一观点。东北企业的这一谈判特点，与当地市场经济发展水平较低是有密切关系的。在长期计划经济体制的束缚下，东北企业的竞争意识普遍不强，人们习惯于通过人情和关系进行商业活动，因此在商务谈判时很难严格遵守谈判纪律。此外，东北人注重人情，在谈判时不喜欢用纪律去约束双方，以避免造成紧张的谈判氛围。

5.3 总 结

东北地区地处中国的高纬度地区，每年要经历长达半年的严寒，这样的地理环境造就了东北人热爱饮酒、性格豪爽的特性，这是影响东北地区招商规则和谈判风格的重要的人文因素。同时，东北地区作为新中国成立后的工业摇篮，曾经风光一时。但由于经济结构失衡，计划经济色彩浓厚，加之处于市场主导地位的国有企业效率低下，造成了当前东北地区经济发展的困境。相比较东南沿海地区，东北企业的行为保守，缺乏开拓精神，东北人也普遍怀有“进大国企、拿铁饭碗”的消极心态，这是影响东北地区招商规则和谈判风格的重要经济原因。

就东北地区的招商规则而言，当前的情况是潜规则多于明规则，人情大于制度。问卷调查显示，东北地区在招商过程中，人情和关系起到了极为重要的作用。FGI 和深度访谈调查结果也表明，东北地区企业在招投标过程中更多的是依靠关系来达到目的。一些不正当的竞争手段，如请客、送礼、拿回扣等是常见的商业现象。

在商务谈判惯例方面，东北地区企业呈现直截了当、不重视契约、效率较低以及纪律不够严明的特点。这其中，缺乏契约精神是制约东北企业发展最大的瓶颈。因为契约精神缺失，不按合同办事，很容易导致商业信用的破裂。下面一则在 FGI 调查中了解到的案例很能说明当前东北企业在商务谈判时普遍存在的问题。

某经营航空快运的公司在运送货物的过程中造成了货物的损坏，

虽然快运公司事先已向客户说明货物是易碎品，很容易损坏，如若损坏，快递公司概不负责。但是由于双方只是口头协议，没有签订正式的合同，最后商品损坏之后依然是快递公司赔偿了结。

有不少东北企业虽然也会签订商业合同，但对合同缺乏足够的尊重，认为签订合同只不过是走个形式，在实际的商业活动中并不准备严格遵守。调查结果还显示，在东北进行商务谈判时，如果谈判的一方提出要签订正式的合同，有时竟然会造成另一方的不满，认为对方不信任自己，反而不利于谈判的正常进行。

缺乏契约精神会阻碍东北地区企业的发展，对振兴当地经济也是极为不利的。在市场经济发达的西方国家及中国东南沿海地区，企业对于契约是十分注重的。契约让双方权责明确，使得商业活动更加规范化和理性化，从而确保了商业活动的顺利进行。不过 FGI 调查结果显示，随着与中国其他经济发达地区企业及外商的交往不断增加，东北地区企业的招商规则和谈判惯例也在发生着改变，东北企业正在走向一条规范化的商业之路。

第 6 章

东北地区地域文化与消费者行为

在前面章节中，我们主要讨论了东北地区的企业行为及企业间的商务沟通与交往惯例，但没有涉及企业所服务的最终对象，即消费者。在东北地区独特的地域文化背景下，深入探究当地消费者的消费行为对本课题研究有着非常重要的意义，它有助于我们从新的视角来进一步认识和分析东北地区的企业行为与商业规则，帮助我们更容易理解和把握企业的市场行为。

6.1 东北地区消费者与地域文化的关系

6.1.1 东北地区地域文化的特点

英国人类学家爱德华·泰勒认为，“文化或文明是一个复杂的整体，它包括知识、信仰、艺术、法律道德、风俗以及所有其他作为社会一员的人获得的能力和习惯”①。

---

① ［英］爱德华·泰勒：《原始文化：神话、哲学、宗教、语言、艺术和习俗发展之研究》，广西师范大学出版社 2005 年版。

由于历史和地理的原因，文化势必会彰显出国别或地域差异。经济发展是由人作为经济活动的主体来完成的，人的经济行为受文化精神的导引与制约，人的价值观念、主观精神、道德信仰以及在人际交往活动中形成的风俗习惯、社会风尚、制度安排都会给区域经济打上文化的烙印。由此，一个地域的文化传承便对本区域经济的发展产生了深远却令人不易觉知的影响[①]。

东北文化个性鲜明，形态多样，“北大荒”“黑土文化”形象地展示了东北文化的形成与地域特点密切相关。东北地区地处东北大平原，幅员辽阔，资源丰饶，在适宜的自然环境下，人们的生存压力不大。在农耕社会中，耕作过程简单，环节不多，自然形成的生产方式较为粗放。“靠山吃山，靠水吃水”，生活在不同区域的人们分别以农牧、狩猎、捕鱼、畜牧业为主，生存条件使得东北人形成了强武弱文的特点，尤其是以狩猎、捕鱼为主的少数民族，更是精于骑射，骁勇善战。东北地域特点及粗放型的农业文化成就了东北人粗犷豪放的性格特点。

东北的地域文化既继承了中华民族博大精深文化的诸多优点，又展现了东北特色的文化内涵，而这种内涵更是渗透到了东北人的性格当中——朴实大方、乐于助人、淳朴热情、豪爽仗义；在观念和行为上，更具有集体精神，注重团结协作，这些性格特点对整个东北社会、经济及文化的发展都起到了至关重要的作用[②]。

---

① 姜威：“地域文化传承与东北经济发展”，《商业研究》2012 年第 2 期。

② 赵岩、李淑华：“东北地域文化特色对经济发展的作用研究”，《中国经验研究》。

6.1.2 东北文化所造就的当地人的性格特点

1. 东北人多豪爽大方，举止粗犷

我们对中国各个地方的人往往会有不同的印象，而当我们提到东北人时，最容易浮现出的印象就是“豪爽大方”这四个字。东北地域文化的文化根基与底蕴比较薄，一定程度上体现出地域文化缺乏规范的教化，且存在文化表层性、杂揉性的问题。由于文化底蕴不足、人文发展落后，直接导致区域历史感缺失，对事物进行认知、评价的知识传递和经验水平都比较低，在行为方式上往往表现出行为举止过于粗犷。而这种粗犷的行为模式，从正面来看就是豪爽大方，热情好客。对于“东北人的性格是豪爽大方的”这个观点，绝大部分受访者表示同意。调查显示（如图 6－1），在受访者中，有 87% 的人选择了“同意”或“非常同意”。可见，东北地区的消费者往往愿意使用“豪爽大方”来形容自己，或者说，“豪爽大方”是东北人最乐于接受的标签。

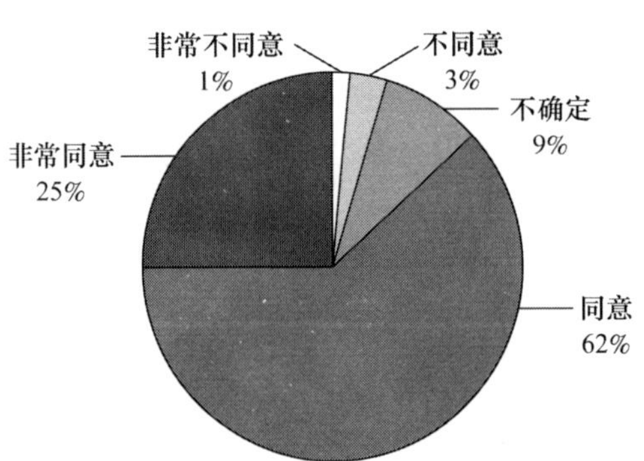

图 6－1 东北人对“豪爽大方”这一评价的态度

当然，考虑到“豪爽大方”这个词本身带有褒义，更容易被受访者接受，这应该也是受访者大多选择这个表述的理由之一。从这里也可以看出，东北人习惯于清晰明确地表达自己的好恶，因此在调查中会主动选择那些倾向比较明显的选项，这一点在后面的调查中也同样显示出来。这种豪爽大方的性格，使得东北地区的消费者在进行购买决策的过程中，可能会追求简单快捷的方式，避免过于复杂的思考过程，同时，也有可能比较容易受到外界信息的影响，这也给企业的各类营销活动提供了良好的契机。

2. 东北地区注重人情与关系

说到东北人，人们往往会觉得东北人非常重视感情和关系，只要两个人之间的关系好，那么什么事情都好办。对于“东北人非常重视感情与关系”这个观点，同样有大部分受访者表示同意。调查显示（如图 6－2），在受访者中，有 83% 的人选择了“同意”或“非常同意”。由此可见，感情和关系在东北人的日常交往过程中的确起到了重要的作用。

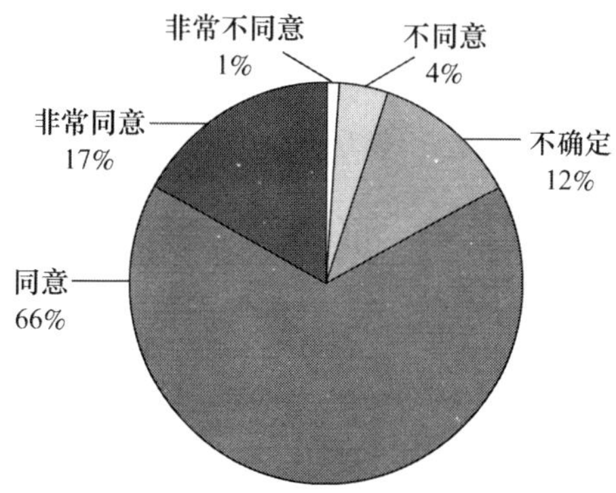

图 6－2　东北人对感情与关系的重视程度

我们常把东北人归为一个群体，事实上东北不同省份的人们在某些方面还是有所差异的。研究中我们将所有结果按照所在地区分组进行了简单的描述性统计（如表6-1所示），发现三个省的均值有着相当明显的差异（$M_{吉林} > M_{黑龙江} > M_{辽宁}$），而且进一步可以发现三个省的数据的置信区间也有明显的不同。因此，为了验证这种差异是否显著存在，我们使用软件对“所在地区”这一变量进行了单因素方差分析，结果发现有显著的差异，见表6-2。这个结果表明，受访者所在的地区对于他们的答案有着显著的影响。换句话说，不同地区的受访者对于这一问题的看法是不尽相同的。这也告诉我们，在这些看似广为人知的结论背后，东北三省的情况还是存在着很多微小的差异的，当企业在东北地区开展营销活动时，也需要对这种差异有足够深入的认识，选择真正适合的目标市场，制定真正适合的营销策略，才能在东北市场上获得成功。否则，很有可能被当地各种看似弱小的本土企业击败。

表6-1　东北人对感情和关系的重视程度（按所在地区分组）

	样本数	均值	标准差	标准误	均值的95%置信区间		极小值	极大值
					下限	上限		
辽宁	100	3.73	.737	.074	3.58	3.88	2	5
吉林	95	4.16	.421	.043	4.07	4.24	3	5
黑龙江	94	3.97	.848	.087	3.79	4.14	1	5
总数	289	3.95	.713	.042	3.87	4.03	1	5

表6-2　东北人对感情和关系重视程度（按所在地区分组）单因素方差分析

	平方和	df	均方	F	显著性
组间	8.976	2	4.488	9.352	.000
组内	137.246	286	.480		
总数	146.221	288			

由于东北人非常重视感情与关系，因此我们希望进一步了解他

们在日常的交往中，是否愿意为了交朋友牺牲一些经济利益。在调查中，绝大部分的受访者赞成了这一观点（如图 6 – 3 所示），59.5%的受访者选择了“同意”或“非常同意”，也有 30.4% 的受访者选择了“不确定”。这说明东北人觉得朋友间的感情应该是高于经济利益的。但是，我们在针对东北地区企业从业人员的调查中，却发现有接近一半的受访者并不同意“东北人在商业活动中是重义轻利的”这一观点（见第四章第一节），这种差异一方面可以理解为商人对于利益的敏感度要高于普通消费者，另一方面也说明随着商业社会的发展，尤其是东北地区市场经济的不断完善和国有企业改革的进一步深入，东北地区的社会文化也在发生着潜移默化的转变，感情和关系在东北人日常活动中的强大影响力可能会减弱到一个相对平均的水平。

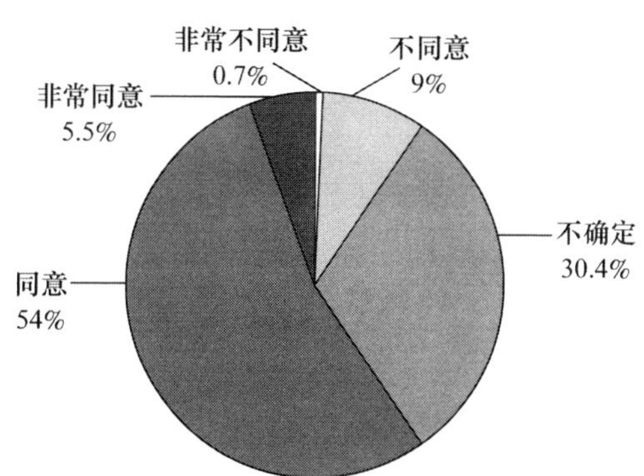

图 6 – 3　东北人是否愿意为了交朋友牺牲一定的经济利益

针对这一结果，我们又加入了所在地区这一变量进行进一步分析。通过所在地区分组后的统计结果（如表 6 – 3 所示），辽宁省的均值要明显小于其他两个省份（$M_{辽宁}=3.24$，$M_{吉林}=3.72$，$M_{黑龙江}=3.71$），而在进一步的方差分析当中也证明这一变量的影响的确是显著的（如表6－4所示）。造成这个现象的原因可能是辽宁省作为沿海开放地区，其经济发展水平和吉林、黑龙江两省存在一定的差距，因此其社会文化也发生了一些转变，人际交往中的关系导向趋于减弱，利益导向则不断增强。

表6－3　东北人是否愿意为了交朋友牺牲一定的经济利益（按地区分组）

	样本数	均值	标准差	标准误	均值的95%置信区间		极小值	极大值
					下限	上限		
辽宁	100	3.24	.842	.084	3.07	3.41	2	5
吉林	95	3.72	.613	.063	3.59	3.84	2	5
黑龙江	93	3.71	.716	.074	3.56	3.86	1	5
总数	288	3.55	.764	.045	3.46	3.64	1	5

表6－4　东北人是否愿意为了交朋友牺牲一定的经济利益（按地区分组）单因素方差分析结果

	平方和	df	均方	F	显著性
组　间	14.592	2	7.296	13.615	.000
组　内	152.728	285	.536		
总　数	167.319	287			

3. 东北地区文化中具有典型的小农意识特征

1949年以前，东北地区以农耕生活为主，亚寒带季风气候决定了东北的农民只能工作半年，因此“猫冬”成为东北地区农村生活的一个生动的写照。长期以来，就形成了东北农民缺乏约束、缺乏协作、态度懒散的自耕自作的生产方式，基于这种生产方式积淀而成的东北地区区域文化，便表现出典型的小富即安、求稳怕变、因循守旧、不思进取的小农意识特征。

由于东北地区特殊的自然地理环境和长期处于资源型农业社会

的状态，导致东北地域文化商品意识严重不足，缺乏敢于冒险、创新的商业传统和创业意识。特别是改革开放以后，同广大沿海地区相比，东北地区的商品经济意识非常薄弱，在江苏、浙江、广东等地大力发展民营经济的时候，东北人仍处于小农意识和计划经济体制的束缚之中。这种情况也让东北人又对自身的现状表示不满。在调查中，有 46.7% 的受访者选择了“不同意”和“非常不同意”，还有 32.1% 的受访者选择了“不确定”，可以看出大部分受访者对于自身的现状还是比较不满的。

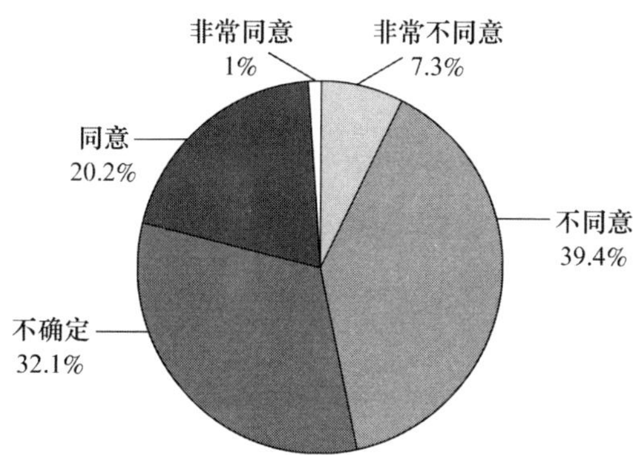

图 6－4　东北人对现状的满意程度

在进一步的分析中，我们发现家庭人均收入这一因素和个人的满意度呈现明显的相关性（如表 6－5 所示）。随着收入的增加，满意度也在逐渐提高。子曰：“仓廪实而知礼节，衣食足而知荣辱。”马科斯洛的需求理论也论证了人类的需求是有层次的。我们不能说金钱能买来幸福，但是没有钱的生活对于大多数人来说肯定是不幸的。收入提高，人们才有能力去提高自己的生活水平，幸福感也会更高。

表 6－5　　东北人对现状的满意程度（按收入分组）

	N	均值	标准差	标准误	均值的 95% 置信区间		极小值	极大值
					下限	上限		
1500 元以下	11	1.91	.539	.163	1.55	2.27	1	3
1500～3000 元	58	2.48	.822	.108	2.27	2.70	1	4
3000～5000 元	118	2.71	.888	.082	2.55	2.87	1	5
5000～10000 元	77	2.75	.905	.103	2.55	2.96	1	4
10000～20000 元	14	3.14	.864	.231	2.64	3.64	2	4
20000 元以上	9	3.22	1.481	.494	2.08	4.36	1	5

不过，这组数据表现出的收入与满意度的相关性过于明显。这一现象有可能是东北的地域文化当中存在着收入与满意度的正相关关系，也可能是因为本次调查的样本选取并没有覆盖到那些高收入人群，而在中低收入群体中，确实存在着这种比较严格的正相关关系。对于这个问题，还有待进一步深入研究。

由于东北地理环境相对封闭，且长期处于资源型的农业社会，使得农民较容易获得生活资料，人均占有资源也相对丰富，因此，以满足自我需要为最终目的的自给自足的家庭式生产成为东北地区主要的农业生产方式。这种浓厚的小农意识和封闭的文化心态极大地限制了人们继续发展的空间，导致民众大多安于现状，不求继续致富。调查显示，对于“东北人乐于接受新生事物”这个表述，37% 的受访者选择“不同意”，29.1% 的受访者选择“不确定”，26.6% 的受访者选择“同意”（如图 6－5 所示）。可以看出，大部分东北人还是受到小农意识的地域文化影响，对新生事物并不乐于接受，这种因循守旧的态度也是东北地区改革开放以来经济社会发展水平落后于其他东部地区的一个重要原因。

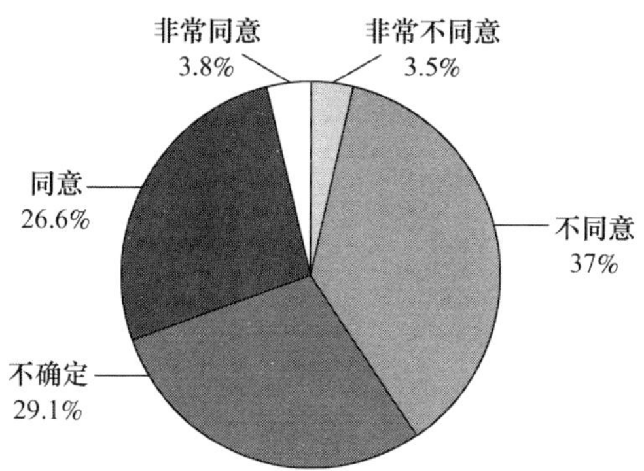

图 6－5　东北人对于新生事物的接受程度

当我们将结果按照地区分组进行统计时，发现不同省份之间的均值差异非常大（如表 6－6 所示）。更令我们意外的是，这种差异的主要来源是我们认为经济社会发展水平最低的黑龙江省（$M_{黑龙江}=3.51$）。我们又进一步进行了单因素方差分析（如表 6－7 所示），发现地区这一因素的影响确实是显著的（$p=0.000<0.05$）。对于为什么黑龙江省的数据会明显高于其他两省，只能猜测是由于黑龙江省经济发展水平最低，所以黑龙江人对于改革开放以来对原有的经济社会结构造成的冲击感受最为清晰。当然，这只是我们的一个不成熟的猜测，未来可以对这个问题进一步探究。

表 6－6　东北人对于新生事物的接受程度（按地区分组）

	N	均值	标准差	标准误	均值的 95% 置信区间		极小值	极大值
					下限	上限		
辽　宁	100	2.77	.973	.097	2.58	2.96	1	5
吉　林	95	2.44	.648	.066	2.31	2.57	1	4
黑龙江	94	3.51	.901	.093	3.33	3.70	1	5
总　数	289	2.90	.960	.056	2.79	3.01	1	5

表 6－7　东北人对于新生事物的接受程度（按地区分组）单因素方差分析结果

	平方和	df	均方	F	显著性
组间	56.656	2	28.328	38.833	.000
组内	208.631	286	.729		
总数	265.287	288			

4. 东北地区人们的行为受道德而非法律的影响较深

东北人重义轻利，重感情，但缺乏理性，这既是优点同时更是缺点。由于东北地域文化底蕴相对不足，没有深厚的文化基础和文化根基，缺乏来自主体意识方面的理性启蒙，缺少理性思维的习惯和能力。因此在日常的交往中，人们的行为往往是基于道德规范的约束，而不是法律规范的约束。这一现象投射到商业活动中，就成为一系列争端的来源，也是很多企业不愿意与东北企业合作的重要原因之一。在调查中，有 51.5% 的受访者选择了“不同意”与“非常不同意”，还有 34.3% 的受访者选择了“不确定”（如图 6－6 所示）。可以看出，绝大部分受访者都认为道德约束比法律约束更加有力。这种重道德轻法律的文化氛围深深影响着东北企业的商业行为。在我们访谈的过程中，就有很多企业提到东北企业经常签了合同却不照办，即使诉诸法律也往往由于诉讼的成本过高而不了了之。这在一定程度上对东北企业和东北产品的形象造成了不良的影响。

进一步按地区分组后，我们又发现三个省的均值存在着一定的差异（如表 6－8 所示）。为了验证这种差异是否显著，我们又进一步进行了单因素方差分析（如表 6－9 所示），证实了这种差异是显著的。也就是说，三个省的人对于道德和法律的态度存在着一定的差异，从均值的数值上看（$M_{辽宁} < M_{吉林} < M_{黑龙江}$）恰好与三个省的

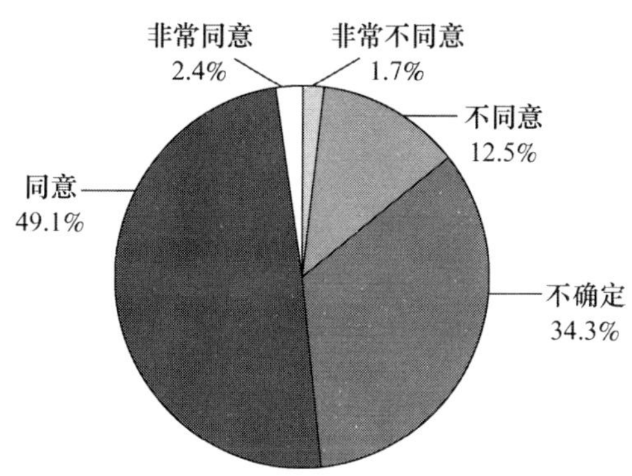

图 6－6　东北人对于道德与法律的态度

经济发展水平的排名相反。可以看出，经济发展水平越高，当地人的法律意识和规范意识越明显，这一观点也符合我们对于现实的推测。也可以说，一个地区的经济社会发展，不仅取决于经济数据的增长，也需要人口素质的提升或者说是文化的转型。

表 6－8　　东北人对于道德与法律的态度（按地区分组）

	N	均值	标准差	标准误	均值的 95% 置信区间		极小值	极大值
					下限	上限		
辽　宁	100	3.17	.853	.085	3.00	3.34	2	5
吉　林	95	3.32	.704	.072	3.17	3.46	1	5
黑龙江	94	3.67	.753	.078	3.52	3.82	1	5
总　数	289	3.38	.800	.047	3.29	3.47	1	5

表 6－9　东北人对于道德与法律的态度（按地区分组）单因素方差分析结果

	平方和	df	均方	F	显著性
组　间	12.719	2	6.359	10.610	.000
组　内	171.413	286	.599		
总　数	184.131	288			

5. 东北文化中“官本位”思想严重

由于受到长期的计划经济体制的影响和制约，东北地区的“官本位”思想意识非常严重。在以行政为主导的高度集中的经济运行体制下，企业往往成为国家权力机构的附属品，本应起到资源配置作用的市场机制被行政意志所取代，这对东北人的社会生活，尤其是对东北人的价值观念和思维方式产生了深刻的影响，形成了他律性权威主义人格和心理定势。

在我们的调查中，70%的受访者认为“在自己的单位里，一把手权力很大且缺乏监督”，还有18.8%的受访者选择“不确定”（如图6－7所示）。可以看出，“官本位”的现象在东北地区广泛存在。在“官本位”思想下，创新精神、冒险精神被抑制和排斥，而那些善于听命和毫无创造性的人则容易得到鼓励和奖励。“官本位”思想使东北人陷入了一种“唯权利论”的拜权主义的扭曲观念中，形成了对权力和领导强烈的依赖心理，更多的是寻找人脉资源、积累社会关系、发展社会网络，而不是依靠自己的能力去解决问题；“做官”而非“创业”成为衡量个人价值的主要指标，将追求仕途的升迁看作是实现人生观、价值观的有效途径；遇事不敢负责，不敢创新和探索，而主要以个人利益为重。

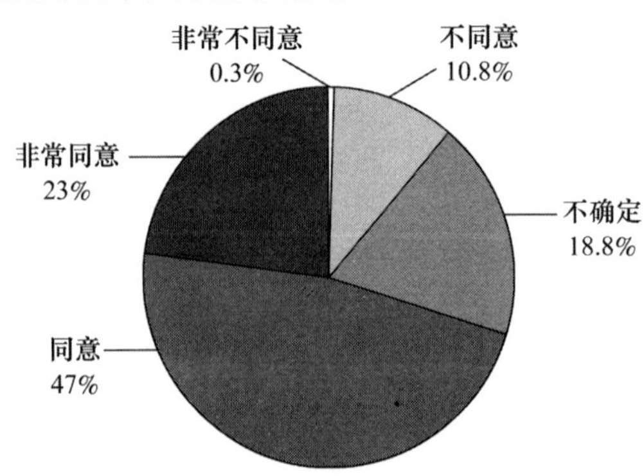

图6－7　东北文化中的“官本位”思想

在进一步分析中，我们将数据按照所在地区分组，观察到三个省的均值有一定差异（如表6－10所示）。为了验证这种差异是否显著，我们又进一步进行了单因素方差分析，证实了这种差异是显著的（如表6－11所示）。其中均值最高的省份是吉林省（M＝4.31），可以看出吉林省的“官本位”文化表现得极其明显。前面也提到，吉林省的受访者对于新生事物的接受程度也是三个省里面最低的，可以看出吉林省的文化封闭性在三个省中表现得最为明显。而辽宁省作为三个省里经济最为发达的一个，其中的“官本位”现象表现得不是很明显（M＝3.45）。

表6－10　东北文化中的“官本位”思想（按地区分组）

	N	均值	标准差	标准误	均值的95%置信区间		极小值	极大值
					下限	上限		
辽　宁	100	3.45	.957	.096	3.26	3.64	2	5
吉　林	93	4.31	.625	.065	4.18	4.44	3	5
黑龙江	94	3.71	.923	.095	3.52	3.90	1	5
总　数	287	3.82	.922	.054	3.71	3.92	1	5

表6－11　东北文化中的“官本位”思想（按地区分组）单因素方差分析结果

	平方和	df	均方	F	显著性
组　间	37.261	2	18.630	25.691	.000
组　内	205.952	284	.725		
总　数	243.213	286			

6.2　东北地区消费者消费行为分析

在消费者行为研究中，消费者购买决策过程（The Buyer Decision Process）是一个非常重要的内容。消费者购买决策过程是指消费者为了实现某种需求，在特定的购买动机的驱动下，在可供选择的多个购买方案中，经过分析、评价、选择并且实施最佳的一个购买方案，以及实施购后评价的活动过程。它是一个系统的决策活动过程，由引起需要、收集信息、评价方案、决定购买和购后行为五个阶段构成。对于复杂的购买决策过程，这五个阶段能够区分得比较清晰，而那些比较简单的购买决策过程，某些阶段则会被合并或者快速略过。

在本次调查中，我们按照消费者购买决策过程的几个步骤设计了对应的题项，并以此来分析东北地区消费者的行为。

6.2.1 外部信息对东北地区消费者消费需求的影响

引起需要是消费者购买决策过程的起点，是他意识到自己需要得到某种商品或服务。唤醒消费者需要的可能是内部的影响，比如肚子饿了，消费者就会意识到自己需要吃东西，进而开始寻找合适的食物；更多的时候，消费者的需要是被外部因素所引发的，比如看见别人身上的衣服很好看，就会想要自己也买一件。还有一些情况看起来是消费者内心的情绪或者心理驱动的，但往往也是一开始受到了外界的刺激。而对于企业来说，如何通过自身的营销活动来引起消费者的需要，就是一个非常重要的问题。对于消费者来说，从个体上看差异明显，但是在群体中，他们的需要存在着一定的共性。

本次调查设计的题项是“看到身边的人购买或者广告中出现

某件产品，您会想要购买这件产品”，希望了解东北地区消费者对于外界刺激的敏感程度，也可以说是引起他们需要的难易程度。在调查中，36.6%的受访者选择了“不确定”，35.5%的受访者选择了“同意”，16.4%的受访者选择了“不同意”（如图 6－8），说明东北地区的消费者是比较容易受到这些信息的影响。从某种程度上看，这也是由于东北的地域文化中还存在一定的封闭性和集体主义倾向。因此，企业在东北地区开展营销活动时，应该采用具有感染力而不是说服力的促销形式，以引发消费者在情感上的共鸣。

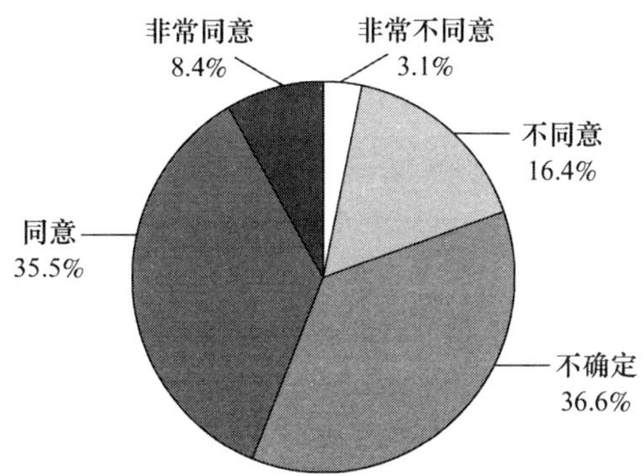

图 6－8　东北地区消费者对外界信息的敏感程度

当我们将数据按照所在地区分组统计之后，我们又发现辽宁省的均值明显高于另外两省（如表 6－12 所示）。这一方面说明辽宁省的消费者对于外界信息的刺激更为敏感，另一方面也从侧面说明辽宁省的消费者的商品意识更为完善，企业在辽宁省开展各类营销活动可以取得更好的效果。而在吉林和黑龙江两省，消费者对外界信息的刺激还不够敏感，企业在营销过程中可能需要更多地使用经济类的手段。

表 6－12　东北地区消费者对外界信息敏感程度（按地区分组）

	N	均值	标准差	标准误	均值的 95% 置信区间		极小值	极大值
					下限	上限		
辽　宁	100	3.56	.891	.089	3.38	3.74	2	5
吉　林	95	3.15	.956	.098	2.95	3.34	1	5
黑龙江	92	3.16	.941	.098	2.97	3.36	1	5
总　数	287	3.30	.946	.056	3.19	3.41	1	5

6.2.2　东北地区消费者获悉消费信息的主要来源

当消费者的需要被唤醒之后，他们就会开始收集产品的相关信息。这个过程可能是现实中的某个行动，例如顾客走进餐厅，找个位置坐下，然后拿起菜单开始浏览上面的内容，也有可能是消费者在自己头脑中寻找已经获取的产品的相关信息。根据以往的研究，消费者收集信息的渠道主要包括自己的亲身体验、亲戚朋友的介绍、销售人员的介绍、各类传统媒体广告的影响、网络等新媒体的影响等等。其中，消费者最容易获得信息的渠道是各类广告，而最信任的渠道往往是亲戚朋友的介绍。对于东北的消费者而言，通过调查发现他们是否符合这些普遍规律，还是存在一些特例。

问卷统计的结果显示，有 39.2% 的受访者选择了网络是对他们收集信息影响最大的渠道，27.3% 的受访者认为是自身体验，只有 20.1% 的受访者选择了家人或朋友（如图 6－9 所示）。这一现状也提醒我们网络等新媒体在营销实践中已经悄然占据了非常重要的地位，在某种程度上说甚至已经超过了传统媒体的影响。未来，营销的胜负将很有可能在网络上决定。

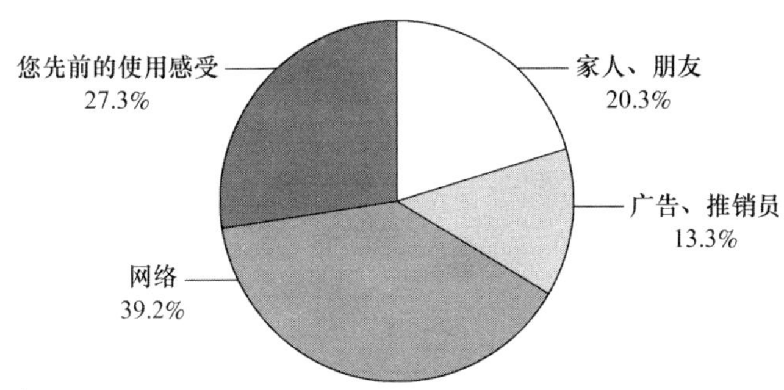

图 6－9　对东北消费者影响最大的信息来源

针对这一问题，我们又进行了深入的分析，首先我们将数据按照性别分组统计，发现男性选择网络的比例要明显高于女性（如图 6－10 所示）。这说明网络上的信息对男性的影响其实超过女性。而我们通常会认为，女性经常网购，因此也更容易受到网络上的信息影响。本次调查却推翻了这一观点，至少在东北地区是如此。这一现象的原因，我们在以后的研究中将深入探究。现在我们只能给出一个可能的解释：男性更喜欢接受理性的信息，女性更喜欢接受感性的信息，而网络上的产品信息，往往以理性信息（或者看上去是

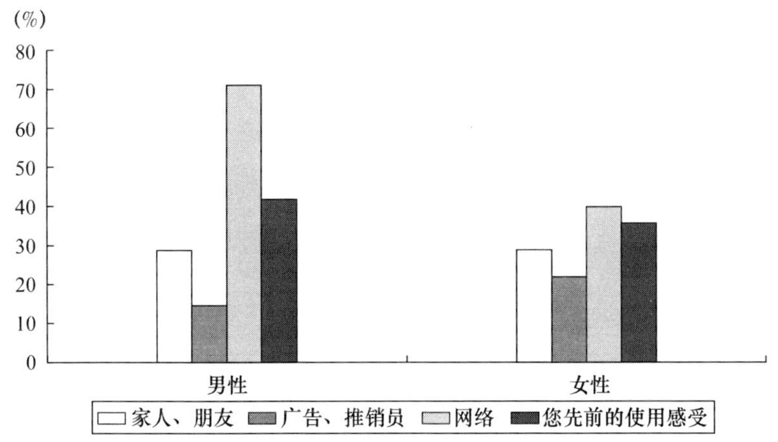

图 6－10　对东北消费者影响最大的信息来源（按性别分组）

理性信息）居多，因此男性更有可能受到网络信息的影响。

当我们将数据按照所在地区分组统计之后，更有意思的现象出现了。吉林省和黑龙江省的图像相当接近，而和辽宁省却有明显的差距（如图6－11所示）。吉林和黑龙江两省的消费者都比较重视网络的影响，而在辽宁省网络的影响力却是最低的。通常情况下，我们会认为经济比较发达的地区，往往网络技术的应用也比较多，消费者应该更加看重网络的作用。但是本次调查又给出了不同的答案。我们认为可能的解释是，由于黑龙江和吉林两省商品经济发展水平是低于辽宁省的，因此这两地的消费者在本地所能获取的信息也要少于辽宁省。而网络是一个完全平等的平台，各地的消费者都可以在网络上获取同样的信息。因此，相比之下，吉林和黑龙江的消费者自然也就更乐于从网络上获取信息，反映在问卷上就是选择网络的比例大大升高。

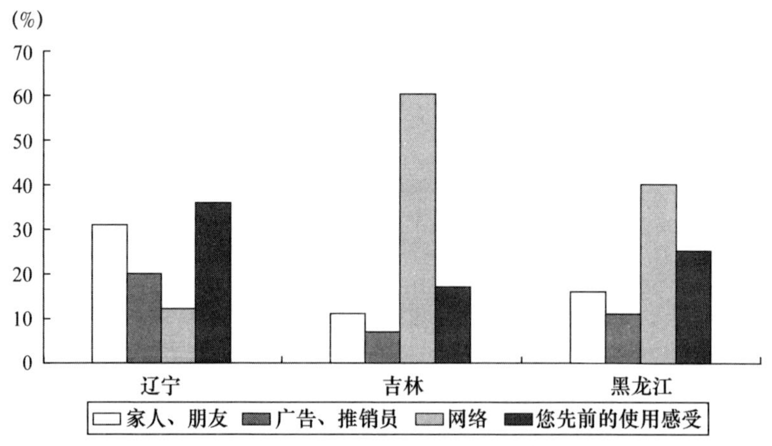

图6－11　对东北地区消费者影响最大的消息来源（按地区分组）

6.2.3 影响东北地区消费者购买的主要因素

当消费者收集到了足够的信息之后，就会把这些信息分类整合，最终形成几个备选的方案，然后对这些方案进行评价，从而选出自己认为最优的方案。在消费者行为学的研究中，提出了很多办法来解释消费者评价方案的过程与思路。例如，多重属性态度模型将产品要求的各个方面都赋予不同的权重，然后对每个方案中的每个方面分别打分，最终加权算出每个方案的得分，分高者即为最优方案。

在本次调查中，我们没有涉及过于复杂的评价模型，仅仅设计了一个题项，来了解东北地区消费者比较看重商品的哪些要素。结果显示，有 40.1% 的受访者选择了“质量和性能”，有 29.1% 的受访者选择了“外界的评价”，有 19.7% 的受访者选择了“价格”，有 9.3% 的受访者选择了“购买当时的体验”。还有 1.7% 的受访者选择了“外观和包装”（如图 6－12 所示）。这说明，东北地区消费者的消费观依然比较传统，比较看重质量、价格这些产品本身的属性，同时由于东北地域文化中容易受到外界影响的特质，外界评价对于消费者的决策也有着很大的影响。因此，企业在东北地区开展营销活动时，应该向消费者传达一种高性价比的产品理念，可能对消费者更有诱惑力。

当引入性别这一变量深入分析时，我们发现，男性比女性更加重视产品的质量与性能（如图 6－13 所示）。这个结论很容易理解，在购买商品时男性比女性更加看重实效，也就是产品是否能够满足

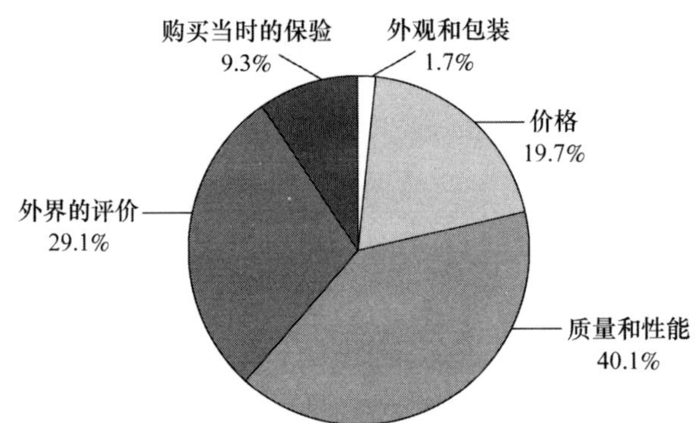

图 6－12 东北地区消费者购买决策影响因素

其在功能上的需要，而女性则会把关注的焦点放在消费的感受上。这种性别差异在各个地区应该是普遍存在的。

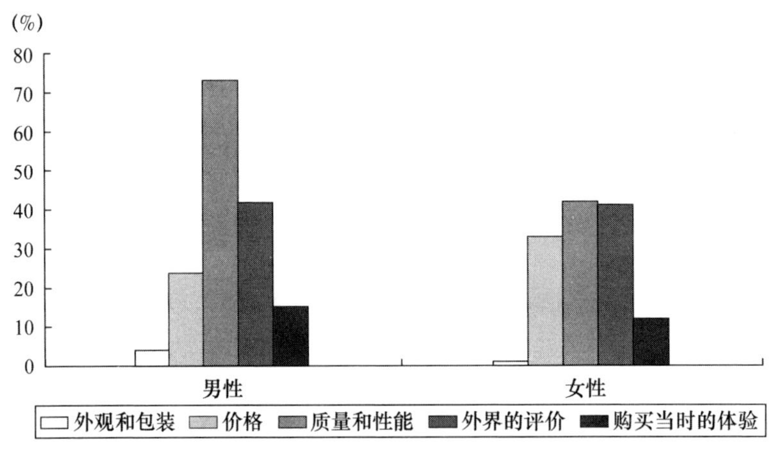

图 6－13 东北区消费者购买决策影响因素（按性别分组）

当引入地区这一变量的时候，我们发现，黑龙江省的数据和辽宁与吉林省有着明显的不同（如图 6－14 所示）。黑龙江省选择“质量与性能”的比例要明显高于另外两个省。这可能是因为黑龙江省的经济发展水平相对较为落后，人们的消费观念也比较传统，注重实际。

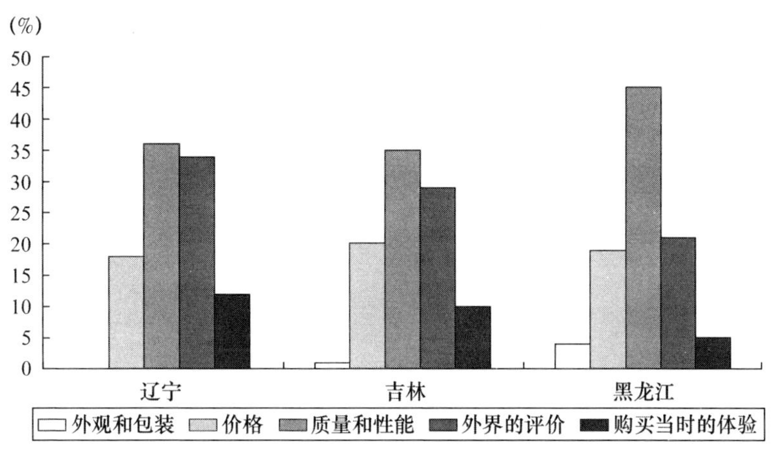

图 6－14　东北地区消费者购买决策影响因素（按地区分组）

6.2.4　东北地区消费者的购后行为

消费者的购买行为并不是在交易完成后就立即终止，而是还有两个重要的后续活动。一是根据对产品预期和产品现实情况的对比，评价这次购买行为是否能够满意。二是根据对这次购买行为的满意程度，决定消费者对于该产品的态度，并且影响到其他的消费者。

当消费者购买的产品没有达到他们的预期时，消费者就会觉得本次消费是令人不满的。这里提到的“没有达到预期”可以有很多种表现形式，例如产品出现质量问题，消费者发现购买价格过高，商家承诺的服务未能配套等等。而当消费者感到不满的时候，他们的应对模式可能有：向商家直接投诉、向身边的亲友抱怨、向有关部门反映、回避，以后不再选择此商家，或者不以为然，继续在这里消费。

在这种时候，商家的反应往往是息事宁人，争取把顾客安抚好，避免造成比较激烈的冲突。但是事实上，对商家而言，最有利的其实就是最为激烈的第一种，直接向商家投诉。通过这种方式，可以让商家更加清楚地发现自身存在的问题并及时加以改进，如果处理得当，反而可以提升顾客的满意度。很多时候，顾客不向商家反映问题，而是向周围的人抱怨，这种抱怨对商家的形象损失更加巨大，而且这种恶劣影响在早期难以被发现，更有可能造成严重的后果。因此，企业很有必要认真对待那些主动向企业抱怨的顾客。

本次调查显示，当东北地区消费者对购买行为不满时，有41.7%的受访者选择向身边的人抱怨，有40.3%的受访者选择向商家投诉，还有14.2%的受访者选择忍气吞声但是以后不再光顾（如图6－15所示）。

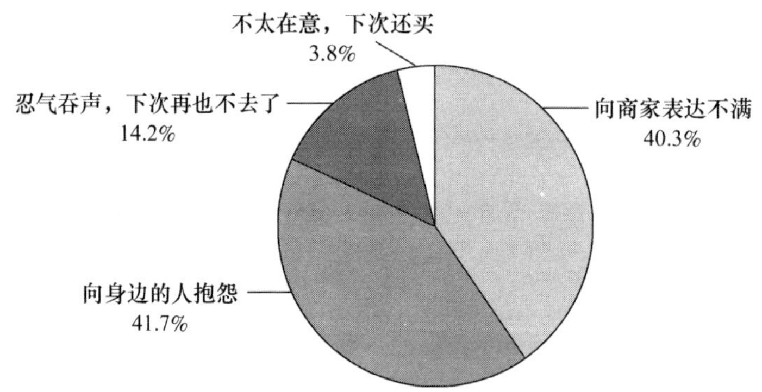

图6－15　东北地区消费者对不满的购买行为的回应

企业需要重点关注的不仅是那些向企业抱怨的顾客，而且还应包括那些向身边人抱怨的顾客和默默流失的顾客，这两部分人加起来已经超过了一半，而他们对于企业形象的危害是潜移默化的。因此，在东北发展的企业尤其是服务业企业，面对的形势相当严峻。一方面，东北人性格粗豪，容易发怒。愤怒的顾客会给商家的日常经营带来不可预知的影响。另一方面，如果企业只顾着安抚这些闹事的顾客而没有真正解决问题，那么那些流失的顾客会不断地散布对企业的负面评价，最终会给企业声誉带来极大的危害。

6.3 总 结

东北地区由于其独特的自然地理环境和长期以来的社会历史原因，形成了独具特色的东北地域文化。东北地区的消费者受到东北地区地域文化的深远影响，必然会表现出一个“东北人”的特征，如豪爽大方、行为粗犷、因循守旧、缺乏创新意识和冒险精神、官本位思想严重等等。

这种独特的性格投射到东北人日常的消费行为和消费习惯中，也使得东北地区的消费者和其他地区的消费者相比产生了一些差异。通过本次调查我们发现，东北地区消费者的消费观念往往趋于传统，看重产品质量，价格敏感度很高，品牌意识不强。但是我们也必须看到，随着东北地区经济社会的不断发展和进步，这种消费观也在发生着转变。而且，网络时代的来临，让消费者能够更加有效地收集信息，帮助他们做出更为准确的决策。东北的企业面对这样的现状，不能故步自封，需要主动寻求转变，更好地把握消费者的需求，提供更优质的产品和服务。

第7章

东北地区主要行业的企业行为与商业惯例

在前面章节中，我们已经从整体的角度对东北地区的企业行为与商业惯例进行了分析和研究。但是，由于行业自身特点的不同，不同行业的商业惯例很显然也会具有一定的差异。本章从行业的视角出发，进一步探讨东北地区主要支柱行业内部的、特有的企业行为与商业惯例。

7.1 东北地区制造业企业行为与商业惯例

制造业是指对制造资源（物料、能源、设备、工具、资金、技术、信息和人力等），按照市场要求，通过制造过程，转化为可供人们使用和利用的大型工具、工业品与生活消费产品的行业。一个国家的制造业发展水平，直接体现了其生产力水平。从历史上看，每一个强国的崛起，都是源于其制造业的振兴。

东北地区作为中国传统的老工业基地，集中了一大批的重型大型制造业企业。从比例上看，东北地区的制造业企业占据了东北企业的大部分，这些制造业的发展对于东北经济甚至全国的经济发展有着重大的意义。因此，分析东北地区制造业企业的行为和商业惯例，从而推动制造业更好的发展，具有现实意义。

7.1.1 东北地区制造业企业行为与商业惯例发展现状

东北地区的制造业企业具有非常鲜明的特点。它主要分为两类，一类是传统的大型国有制造业企业，另一类是依托于这些国有企业的中小企业集群。要分析东北制造业企业的企业行为和商业惯例，就必须首先分析这两类具有“东北特色”的制造业企业。

1. 国有制造业企业行为与商业惯例现状

由于自然原因和历史原因，东北地区存在着一大批传统的国有制造业企业，如依托自然资源成立的最典型的制造业企业大庆油田、鞍山钢铁公司、鹤岗煤矿等等，这类企业的核心职能就是生产，由于它们的产品都是基础的工业原料，是明显的卖方市场，所以在销售方面基本不需要投入太多精力；由于历史原因将厂址选在东北的国有制造业企业，如长春第一汽车制造厂等等，这类企业往往历史比较悠久，改革开放前在中国的经济版图中占有重要地位，但在改革开放以后，大多陷入衰退。

东北国有企业的衰退，一个重要的原因就是自然资源的日渐枯竭。新中国成立前，东北是日本疯狂掠夺的殖民地；新中国成立后，东北工业发展属于要素高投入、资源高消耗的传统模式。经过一个多世纪的过度开采，曾经让东北自豪的许多资源如有色金属、煤炭、石油、木材等已无优势可言[①]。

当然，除了资源枯竭这个客观原因，企业在日常经营中的问题也很明显。长期以来，国有企业生产成本过高，而工艺水平却偏低，质次价高，使得东北大中型企业产品竞争力持续处于低谷，市场占有率下降，产品滞销造成库存积压，资本周转困难，形成恶性循环，严重影响着企业的经济效益。而造成这些的原因往往又和东北地区的地域文化相关。在我们进行的几次焦点小组访谈中，受访者都提到东北地区的“官本位”文化。可以说，“官本位”现象在这一类企业中表现得最为明显。单位领导与部门领导的权力过大，很多重要的决策就是“一把手”直接拍板，缺乏必要监督和协商的过程，容易导致决策质量不高。同时，这些企业由于自身规模巨大，所以在与合作伙伴的谈判中天然地处于优势地位，因此很多来自它们合作单位的访谈对象也提到针对“关键人”的公关，在这种公关的过程中，不可避免地存在一些灰色地带。

由于企业规模巨大，它们在对外寻求合作伙伴的时候，往往会选择招投标的模式。在访谈中，也有很多访谈对象提到了招投标过程中存在的商业惯例，有访谈对象甚至表示他们的工作目标就是把招投标变成“邀请标”。他还提到，在招投标的过程中，如果你没有找到合适的熟人引荐，你将直接无法入围。如果没有足够的关系，竞标很难成功，甲方可能会直接用标书里的技术指标把你排除出去。

---

① 曹群：《地方产业集群升级的理论与实践研究》，哈尔滨地图出版社 2006 年版，第 306 页。

对于制造业企业来说，除了与其他企业的合作，与政府的合作也是一个重要的方面。这种合作的模式往往也是通过招投标来进行。在访谈中，相关行业的受访者都提到了政府与国企的紧密联系。也就是说，同等条件下，政府几乎毫无疑问地会选择国企而不选择民营企业或者外企。这种现状让很多中小企业和外企非常无奈，但是的确存在。

在访谈过程中，还有一个受到诟病最多的现象就是东北企业的法律意识和规范意识比较薄弱，最明显的体现就是经常出现许下承诺却不能兑现的情况，签了合同，但是就是不能按时发货或者按时付款。这些行为可能会给合作方造成一些或大或小的损失。但是如果你真的采取法律手段保护自身合法权利的时候，又会发现诉讼成本和后续的执行成本高于通过打官司可以得到的收益，因此，企业间的问题还是通过企业间的协商来解决。这种时候，找关系就显得尤为重要。这些问题，往往是企业在没有进入东北市场时很难考虑到的，但是在实际的生产经营活动中，却又常常发生，而且影响深远。

2. 中小型制造业企业行为与商业惯例现状

俗话说，单丝不成线，孤木不成林。东北地区几家国企规模再大，也不可能独自构成一个产业链。因此，一大批下游中小企业也就应运而生。这些企业将那些大型国企生产的初级工业品进行进一步深加工，生产出可以供消费者使用的产品。

我们的研究发现，在东北地区一个以中小企业集群为发展模式的行业中，竞争不是很激烈，而是维持着一个相对稳定的态势。从文化视角去审视这些中小企业集群，可将其视为一个所谓的“帮派”

结构。其中，大中型企业为“带头大哥”，众多小型企业为“小弟”。它们按照地域来划分各自的势力范围，并且由“带头大哥”来制定整个行业的基本运行规则，尤其是其中最为核心的利益分配模式，然后大家共同遵守这一规则。通过相对稳定合理的利益分配，来维护整个体系的稳定性，并且对违规者施加惩罚。

7.1.2 东北地区制造业企业行为与商业惯例发展趋势

东北地区的制造业企业在商务往来的过程中，受到了种种法律之外的“潜规则”影响，而那些“不守规矩”的企业，则很容易被排斥在整个圈子之外，难以生存。

但此次的受访者大都表示，东北的商业活动正在变得越来越正规。其原因是多方面的，一是东北地区的市场经济在不断发展，二是国有企业在不断改革，三是国家正在推进反腐败行动。因此，今后在制造业企业的商务活动中，各种不正当的权钱交易行为会有所收敛。当然，那些比较隐蔽的灰色地带肯定会依然存在。由于东北地区的制造业企业大多来自传统行业，受东北地区重视人际关系的文化传统的影响较深，所以关系和人情在制造业企业的商务往来中依然会起到重要的作用，未来可能会逐步削弱，但是不可能完全消失。

7.2 东北地区房地产行业企业行为与商业惯例

房地产业具有明显的区域性特征，它的快速发展，得益于各地区经济持续快速的增长、居民可支配收入的提高以及城镇化的加快。同时，它在拉动地区经济增长、扩大就业等方面起到了积极的作用。

7.2.1 东北地区房地产业企业行为与商业惯例发展现状

东北三省是中国经济的重要组成部分，其房地产市场的健康度直接关系着区域经济的稳定与发展。振兴东北政策的出台，为东北地区房地产行业的发展提供了难得的契机和良好的发展前景。

在企业成长的过程中，企业家起到的作用是不可忽视的。房地产企业家需要从非均衡的产品市场和要素市场发现机会，获取资源，根据市场环境和企业内部条件的变化，确定经营边界，制定战略并进行组织管理决策。首先，在中国目前房地产市场政策多变、融资渠道单一、土地供给制度不完善、供需不平衡的环境中，企业家的正确决策对房地产企业的重要意义胜于其他行业。其次，房地产项目具有管理复杂、资金投入高、风险多元化等特征，在配置企业外部和内部资源的过程中，企业家需要对目前的情况做出正确的识别和判断。

经历了十几年的发展和竞争，东北地区房地产企业家队伍大体由三类人构成：一是国有企业或经国有企业改制、重组、合资中保留的国企干部；二是从社会各行各业中转入房地产开发经营领域的民营企业家；三是具有高学历或在“三资”企业中历练成长、才思敏锐的职业经理人[①]。

---

① 刘志平：《环境变革中的房地产企业发展》，上海社会科学院出版社 2005 年版，第 153 页。

房地产业企业经营环节中最为关键的是从政府手下拍到好的地段，在这个过程中关系和潜规则无处不在。一些拥有关系而没有任何房地产经营资质的中间人在其中发挥了极为重要的作用。不少房地产企业，甚至是特大型的国有企业，也需借助这些人的力量以获得土地的使用权。深度访谈时，一位业内人士透露，他们所在的企业虽然实力强大，但拿地时同样也需中间人的帮助。有些中间人会以房地产公司的名义参与竞标，中标后拿取数额不菲的费用，剩下的所有的建设和销售工作都是由房地产公司来完成。他们只负责充当掮客，拿到项目后与房地产公司的合作即宣告了结。

7.2.2 东北地区房地产业企业行为与商业惯例发展趋势

从行业现状来看，东北地区的房地产行业中的潜规则普遍存在，尤其是在拿地这一环节上。这一点与国内其他地区情况较为相似。但随着东北地区市场化程度的不断提高以及国家反腐败活动的不断深入进行，房地产行业靠关系拿土地的情况将会有所遏制，潜规则将会为更加透明的市场规则所代替。

7.3 东北地区流通业企业行为与商业惯例

流通业，顾名思义，就是从事商品或服务的流动与交易的行业。换言之，商品从企业生产出来后，从企业到消费者的整个过程，就是流通。前者就是生产，后者就是消费，中间就是流通。在中国，流通业又分泛义、广义与狭义三种，根据需要选定。狭义的流通业只包括零售业、批发业、物流业。广义的流通业包括零售业、批发业、物流业、餐饮业、旅游业。泛义的流通业除上述五大细分行业范围外，还包括酒店业、休闲娱乐业、拍卖业、典当业、旧货业、专卖业①。

流通业在促进商品生产、引导消费者消费、推动经济结构调整与经济发展方式转变等方面的作用日益突出。流通企业的健康运营是促进东北地区经济发展的重要动力，因此研究东北地区流通企业的行为与商业惯例具有积极的现实意义。

7.3.1 东北地区流通业企业行为与商业惯例发展现状

近年来，东北地区流通产业迎来了快速发展的时期。以零售行业为例，国家统计局的统计数据显示，2013 年东北三省零售业企业销售总额达到了 6708.1 亿元，同比增长 15.3%。但调研结果表明，东北流通业当前还存在着制约其进一步发展的诸多问题，表现在国有企业依然占据市场主导地位、民营企业规模偏小、组织化程度低、从业人员素质偏低、现代化水平不高、市场体系不够完善等问题。受传统流通方式及多种因素的影响，与东部沿海发达地区相比，东北地区流通领域的开放程度仍然较低，同时整体差距进一步拉大，特别是在企业管理者的经营理念、企业的运行机制、企业的营销方式等方面的差距十分明显。

---

① 余明阳：《中国品牌报告 2007》，上海交通大学出版社 2007 年版，第 142 页。

在本次调查中，几位从事批发零售行业的受访者均表示行业内的“潜规则”现象并不明显。一位来自大型商场的访谈对象说，他们选择进驻品牌的时候，首先考虑的就是该品牌与本商场的定位是否匹配，而不是通常以为的回扣或者关系因素。这种时候，对方销售人员即使想要采取一些不正当的手段也很难收到效果，因为相对客观评价体系已经确立好了，相关部门的主管更多的时候也是在执行这个标准，中间并没有太多可操作的余地。而且，如果一个品牌的销售人员使用不正当的手段与他们联系，他们很有可能会怀疑这个品牌的产品质量等方面是否存在问题，才会使用不正当手段来开拓市场。一个地板经销商也说，他选择进货的主要依据就是销售情况，卖得好下次就多进货，卖不好就少进货甚至不进货，在这个过程中也不太考虑其他方面的因素。

当然，受访者们也承认了个人关系的作用，不过这种作用往往是体现在渠道维护的过程中，也就是通过各种个人的交往，如吃饭、互赠礼物、娱乐活动，也包括回扣等方式，加深双方关键个人的关系亲密度，来提升整个渠道的稳定程度和运行效率。这种个人关系几乎不可能凌驾于经济利益之上。

同时，来自物流行业的受访者则对东北企业缺乏合同意识的现状表达了不满。物流企业在与东北地区大型制造业企业合作的过程中往往处于弱势地位，即使双方签订了合同，最后出现冲突的时候也并不按照合同办理。他举了一个例子，有一次他们公司帮某国企空运一批玻璃制品，按照物流业的惯例，空运玻璃制品根本无法保证百分之百的完整性，物流企业并不用为此负责，这在合同里规定得很清楚。但是，当这批货到港之后发现有破损，对方还是来索赔。如果他们按照合同据理力争，费时费力不说，还会失去这个大客户，所以他们后来就承担了这个本不应该承担的责任。

7.3.2 东北地区流通业企业行为与商业惯例发展趋势

从东北地区消费者的情况来看，东北地区的消费者最为鲜明的特点就是价格敏感度较高，这也就意味着企业提供的产品必须在价格上有着足够的竞争力。但是随着东北地区商品经济的不断发展，消费者的需求一定会发生转变，对于商品的需求会逐渐多元化。就像访谈中遇到的那位高端商场从业者提到的情况，企业会根据自身定位来选择合作伙伴。这种更为先进的营销理念会逐渐渗透到东北地区商业社会的各个方面。

对于东北地区的物流行业来说，未来行业内部专业化分工程度会越来越高，企业间的竞争会从价格上的竞争转变为服务上的竞争。在这种环境中，关键人员的公关工作同样是服务的一个重要组成部分，而且在东北这种重视情感与关系的文化背景下，物流企业面临的商业环境依旧需要它们借助各种正当与非正当手段去赢得客户。当然，随着整个社会法律意识与规范意识的增强，各种违约行为应该会逐渐减少。

7.4 东北地区金融业企业行为与商业惯例

金融业是指经营金融产品的相关行业，主要包括银行业、保险业、信托业、证券业和租赁业等等。金融业被称为“国民经济的血液”，因为金融业对于其他行业提供了资金支持，对于其他行业的发展起到了重要的作用。现代经济中，金融业对于实体经济的影响被不断放大，甚至可以说我们已经从“工业时代”进入了“金融时代”。因此，分析东北地区的金融业企业行为与商业惯例具有深刻的现实意义。

7.4.1 东北地区金融业企业行为与商业惯例发展现状

总体来说，东北地区的金融业发展还处在一个相对较低的水平。东北地区的金融业主要由银行业构成，非银行业金融业发展比较缓慢，而在银行业中又主要以国有四大商业银行为主。在近 10 年中，东北地区金融业企业得到了比较大的发展，它为东北地区经济的发展注入了新鲜的血液。

从行业特点来看，金融业销售的是金融产品，而金融产品具有非常明显的同质性，很容易被竞争对手所模仿，这也就给企业的营销工作提出了更高的要求。在现实中，营销人员往往都是通过各种各样的社会关系来开发新客户和维护老客户，可以说，金融业也是一个关系导向非常强的行业。

对于东北地区的银行业来说，社会关系的重要性体现得尤为明显。在访谈中，一位银行业的从业者也提到在开发客户的过程中，通常都需要经过中间人的引荐。如果直接上门开展工作，很难收到比较好的效果。现在各家商业银行之间的竞争也非常激烈，银行也需要积极拓展业务。而且，由于东北的企业以国企为主，国企又与政府的关系非常紧密，因此很多时候银行从政府那里获取足够的支持，而这里面又涉及人员的社会关系。所以，现在很多银行在招聘过程中，都会大量招收企业和政府部门领导的子女，希望借此建立与这些关键人员的联系。当然，由于银行业的特殊性，企业在开展业务的时候还必须考虑到风险的要素。由于银行业都是从中央到地方垂直领导，即使银行想要绕过风险条例给一些关系好的企业融资，也很容易被上级银行发现并且制止。因此，在东北乃至全国的银行中，风险意识都是凌驾于其他潜规则之上的。

对于东北地区的保险行业来说，情况则有所不同。一位保险业的受访者说，现在的保险主要分为团险、银保和个险三个部分，团险主要就是和政府部门合作，银保主要是和各家商业银行合作，个险就是业务员自行管理。政府这块肯定要有关系维护。他提出了一个很有趣的观点，叫“处长经济”，就是说你把处长这一级的关系维护好了，那么生意基本上就做成了。针对银行的合作，他提出了一种双赢的模式，就是保险公司帮助银行增加发卡量和存款规模，银行帮助保险公司拓展业务，双方都从中获益，这样产生的合作关系也会比较紧密。同时他也强调，维护这种关系的模式通常不是金钱往来，而是精神层面的投其所好。现在企业的内控做得也都非常严格，商业贿赂基本上是很难存在的。

7.4.2 东北地区金融业企业行为与商业惯例发展趋势

可以说，金融业是现代经济的命脉，随着东北地区经济社会发展水平的不断提升，未来东北地区的金融业企业也必将蓬勃发展。

由于金融业本身的行业特点，决定了东北地区未来的金融业企业在经营管理过程中依然会非常重视关系的作用，企业依然需要通过个人关系的突破来实现企业关系的突破。

对于银行业而言，银行、企业、政府之间的三角关系还会长期存在下去，但是随着政府职能的进一步优化，政府对企业和银行经营的影响将会逐渐从行政命令转变为支持和引导。对于这一点，来自银行业的受访者也很看好。因此，商业银行应该努力开发自己的优势项目，如现在中国银行的国际结算、交通银行的个人理财业务等等。可以预见，未来银行业的竞争依旧会非常激烈，但是这应该是一种良性的竞争，能够促进整个行业提高服务质量。

对于保险业、证券业等金融业企业来说，由于现在东北地区的整体经济发展水平较低，所以这些行业还有很大的成长空间，未来也会逐渐成为支撑东北经济腾飞的重要力量。基于东北地区关系导向的地域文化，这些行业的销售人员还是应该把工作重心放在关系型销售上面，也就是通过各种方式拉近与客户的关系，使客户先接受销售员个人，再去接受企业提供的金融产品。

第8章

研究结论

企业行为和商业惯例是经过长期而复杂的历史过程所形成的、具有一定规律和约束性质的企业行为表现和商务活动规则，是社会经济运行系统的重要组成部分。东北地区由于其独特的经济发展历程、特殊的自然地理环境以及有别于中国其他地区的社会历史发展背景，因而形成了独具特色的东北地域文化。身处于这种特殊地域文化的氛围中，东北地区的企业行为和商业惯例也呈现出个性鲜明的特征。基于本项目的调查研究，我们得出如下研究结论。

1. 东北地区计划经济体制特征依然存在，企业的经营行为较为保守

东北地区被称为新中国工业的摇篮，是新中国成立以后最重要的重工业生产基地，诞生了一批在国内具有龙头地位的特大型著名企业，如大庆石油、鞍山钢铁、长春一汽等。但是，东北地区虽然重工业发达，其他产业发展水平较低，尤其是在改革开放之后，东北地区产业结构失衡的弊端进一步突显，使得东北地区的经济发展速度目前已严重滞后于其他地区。

除此之外，东北地区经济所呈现的第二个鲜明特征是国有经济具有绝对主导的地位。几乎每个重要的行业都被少数大型国有企业所垄断，其他性质的各类企业只能在夹缝中生存。尤其是资源类的产业，由于国有企业的天然垄断地位，其他企业很难望其项背。这种以公有制经济为主体的市场经济特征，具有明显的计划经济色彩，从而造成了企业行为保守、竞争严重不足、对外界反应迟缓且容易自我满足等弊病。

2. 东北地区地域文化鲜明，企业家性格特征独特

地域文化的形成取决于多种因素，其中地理环境、民族分布、移民文化的融合、政治权力与行政区域划分等是最为重要的几个因素。东北地区地处中国的高纬度地区，是中国最为严寒的区域，寒冷的气候造就了东北人热爱饮酒，豪爽的性格特性。同时，东北地区地大物博，资源丰富，使得东北人不需要太多努力就能获得足够的生活资源，由此形成了东北人安于现状、小富即安的生活态度。东北地区民族众多，分布广泛，满族的农耕文化、蒙古族的游牧文化、鄂伦春族和达斡尔族的狩猎文化、赫哲族的渔猎文化、汉族的中原文化以及外来的殖民文化等多种亚文化相互交织融汇，形成了东北地区独特的人文文化。加之历史上东北三省在行政区域上通常划分为一个整体，尤其是新中国对东北地区统一的经济定位和产业布局，多种因素共同促成了当今独具特色的东北地域文化。

东北地区的企业文化和企业家性格特征是东北地区独特地域文化的体现。与地域文化相对应，东北地区的企业家呈现出豪爽仗义、感性多于理性、依赖关系、安于现状、官本位，以及缺乏足够的竞争意识、创新思维和冒险精神的性格特征。

3. 东北地区企业开展商务活动时注重关系，潜规则较为盛行

在以国有企业为市场主体的东北地区，计划经济的色彩较为浓厚。由于国家所有的性质，使得国有企业往往兼具企业和政策实施者的双重身份。一方面，国有企业要参与市场竞争实现企业的营利职能；另一方面，国有企业又要按政府的指令完成某些行政职能。这种情况造成了国有企业与政府间独特的亲密关系，这种特殊的关系往往有助于国有企业在商务活动中赢得竞争优势。其他不同所有制性质的企业为了参与竞争，也需要充分利用各种关系，以便获得更好的商业机会。

焦点小组访谈和深度访谈调查的结果进一步证实了上述分析。不少企业经营管理人员表示，在东北地区企业的招投标过程中，不少是依靠关系来达到目的的。加之东北地域文化中又具有讲人情、重关系的传统，因此人脉关系对东北地区企业开展商务活动具有非常重要的影响，商务活动往往表现出非常明显的关系导向，合作双方非常重视关系的建立和维护。

由于关系在东北企业商务活动中扮演着极为重要的角色，由此衍生的商业潜规则也较为盛行。例如，在东北地区开展商务活动时提前找关系打招呼是非常有必要的，受访的很多商务人士都认为这是一种非常普遍的现象。尤其是在参与政府发标的项目时，更需要有良好的人脉关系。有时候甚至可以说“做业务就是做关系，关系到位才能谈生意”。因而，一些不正常的竞争手段，诸如请客、送礼、拿回扣等成为常见的商业现象。有些发标单位甚至为了帮助某家“有关系”的企业中标而会为其量身订制具有明显选择倾向的招标文件。更有一些中间人成为商务活动中的掮客，利用与招标单位的关系优势，左右逢源，帮助那些求助于他们的竞标企业中标，并在关键环节上逃避招投标监督机构的有效监督。

随着东北地区市场经济的不断发展以及中国新一轮反腐行动的进一步落实，东北地区商务活动中的这种不正之风已经有所遏制，今后企业的商务活动会进一步规范。

4. 东北地区企业的契约精神较为缺失，商业合同往往无法得到有效的执行

由于东北地区长期受计划经济体制的影响，国有经济在市场中居于主体地位，经济的市场化程度远低于东南沿海发达地区。在东北地区，现代的市场秩序和商务规则往往得不到很好的遵守，加之东北人性格豪爽、注重义气、不关注细节的性格特征，使得东北地区的企业无论是在招投标过程中还是在商务谈判过程中，时常会感情用事，不注重合作细节。调查中了解到，东北人重感情，好面子，在商务活动过程中希望得到他人的信任与尊重，因此在招标活动或商务谈判时，如果一方非常重视契约、注重合同或谈判的细枝末节，就会造成另一方心理上的不适，认为对方不信任自己，进而影响到双方的合作意愿。

东北地区的这种商业文化，容易造成企业法律意识的淡漠和契约精神的缺失。在很多情况下，双方的口头协议替代了本应签署的正式合同，从而为以后的协议执行埋下了隐患。此外，由于法律意识淡漠，很多企业在签署了正式合同之后也不会严格执行。调查结果显示，此时受损的一方一般也不愿通过诉诸法律的方式来解决问题，而是提议双方继续谈判或是请中间人调停。在解决纠纷的过程中，东北特色的“关系”文化得到了充分的体现。

5. 东北地区商务活动中酒文化较为盛行，酒桌上更能达成合作协议

东北地区的酒文化历史悠长，当地人自古以来就有“大口吃肉、大碗喝酒”的生活习俗。这种习俗在商务领域的宴请活动中也得到了充分的反映。在酒桌上，东北人谈话多是坦荡真诚，直来直去，而遮遮掩掩、欲言又止则会被认为是不实在、不可交、不可信。而且北东人大都性格豪爽，“感情深，一口闷”这句话在酒桌上最能表达他们的热情。问卷调查显示，有 58.9% 的受访者认为商务活动中交际应酬是“非常重要”的，32.7% 的受访者认为“有些重要”，两者之和超过了 90% 。这说明在东北地区的商务交往过程中，商务宴请扮演了极为重要的角色。

喝酒是宴请的重要活动内容之一。东北人不仅爱喝酒，而且喜欢豪饮。一旦双方推杯换盏喝到尽兴之处，一些其他场合谈不拢的问题往往会随着双方感情的加深迎刃而解。因此，在东北地区开展商务活动时，往往是在酒桌上更能达成合作协议。

此外，本项目还通过分类研究，对东北地区的制造业、商业流通产业、金融行业和房地产业这四大主要行业的企业行为和商业惯例进行了比较分析，得到了行业市场化程度与企业行为及商业惯例关系的相关结论。同时，本项目还从消费者行为的层面以全新的视角探讨了东北地区企业行为与商业惯例未来可能的新发展与新改变。

研究东北地区的企业行为与商业惯例需要与其他地区来进行对比分析，这样才能够好地反映出该地区的典型特征。但遗憾的是，当前学术界有关中国某一地区企业行为与商业惯例的研究还是一片空白，可供我们参考、借鉴的文献极为有限，因此我们的研究还不够成熟和完善，还有待于我们进一步深入研究下去。

附录 1

焦点小组访谈（FGI）预调研记录（沈阳）

1. 参加人员

课题组参加人员：

课题组负责人李东进教授，中方专家秦勇副教授

企业界与会人员：

A：女性，国有商业银行沈阳分行高级经理

B：男性，沈阳当地通讯设备供应商，企业主

C：男性，沈阳国有大型制造企业销售经理

D：女性，MBA，上市房地产公司沈阳分公司销售经理

E：男性，世界 500 强外资医药企业东北大区经理

F：女性，民营贸易企业项目采购经理

2. 企业界与会人员部分谈话记录

B：商业不应该只是销售，商贸行为应该包括销售和购买两个部分。购买部分个人不是很清楚，主要谈谈销售部分。商业惯例应该包括潜规则和明规则。明面上看，回扣在中国是以人为单位的，不管做企业还是做事，主要是搞人。当然这也在发生变化，以前回扣方面只要用钱就能拿下，现在则可能适得其反，现在如果使用一些

健康投资例如请他打球可能效果更好。我觉得我们这个研究主要应该放在明规则部分。这个课题可以分成三块，一是东北，二是商业，三是惯例。商业惯例和地域应该是有关系的，不同地域的惯例会有差异。南方的商业行为现在越来越规范，他们主要是跟西方学的那一套制度，而北方现在主要还是靠"做人"。做业务首先是做人，一方面是你自己做人要成功，另一方面要能搞定对方，要能了解对方，投其所好。在中国，做生意回款的问题相当严重，在我们这个行业中，回款期很长。我们和三大运营商合作，他们的回款周期都是半年到一年。再比如钢铁企业，利润有周期性，利润低的时段回款就会比较困难，往往都是开始合作时候能够货到付款，但是做了一段时间之后，买家往往会欠一部分。

企业的人文环境企业文化相当重要，在小公司中，一个领导就会决定公司的性格，而在大公司中往往具备固有的企业文化，不会很容易被一个领导所改变。在东北做企业关键就是做人，国外的企业相比之下就很少会有回扣。前一段时间的 GSK（葛兰素史克）商业贿赂事件，就是商业惯例冲突的代表。东北及中国的商业惯例主要来源于人。

E：行业不同，企业行为与商业惯例情况的差异也很大。在医药行业当中，回款和三角债的问题基本是没有的。医药行业有专门的第三方商业公司，都是款到才发货的模式。第三方商业公司主要做的就是销售。应该研究一下这个行业的运行规律。例如，医药行业经过公司的扣点是多少，这个每个行业都有标准，这个是明标准。我们这种大药企对商业公司就是款到发货，而如果是小药企，商业公司可能会扣半年的货款不给。药品行业具有特殊性，商业公司只承担了销售的职能，销售代表是不接触药品的。

这个课题的目标是东北，应该将其划分为省会城市和四五线城市，不同城市的消费能力和品牌认知度是完全不同的。很多代理商在拿下一个地区的代理权后，在完成基本代理任务之后，大量销售假货，相互串货，但是这种行为不能在明面上指出来。我觉得民企主要看老板，国企看领导，外企看制度，制度在那谁都改变不了，外企强调合规，个人的变通权力很小。

A：我觉得应该按照行业去写明规则。像资金流的方面，钢铁行业全都是预付款，医药行业是货到付款，大部分行业还是应收款居多。应该根据对方的需求去准备，调查相关行业的运作模式等。

销售是文化的一种对接。应该先找到东北地区文化和其他地区的差异，东北人喜欢哪些东西，有哪些生活方式等等，基于这些东西给出建议，尤其是与商业相关的文化方面。

C：我们的企业主要做的是政府工程。东北人首先是接受销售人员这个人，再接受产品。东北这种模式事实上很不规范，合同签的再严谨，没有一个是按合同走的，主要都是看人情关系的远近。完全公平竞争的项目基本不存在，基本都是找到一个关键人，然后把这个人拿下工程基本就能拿下。而且因为我们是国企，和政府之间天生的关系就比较亲密。而且东北人存在一种比较麻烦的思维惯性，我们的品牌知名度高质量好，他们就会认为我们的产品更贵，因此不用我们的品牌。而且政府工程这一方面由于官员胆子非常大，导致我们的资金风险非常高。人情关系要重于利益，对于人的认可要超过对于产品价格和回扣的作用。

E：在我们这个行业，以前销售的时候没有回扣不行，但是现在主要是看服务。我们现在在招销售人员的时候，有一些年轻的90后加入，他们的情商比较低，按照我们的观点他们做不好业务代表，但是事实上他们也被客户给接受了。因为客户的结构事实上也改变了，层次改变了。只要能把客户服务好了，价钱上有一点差异不是问题。

C：东北地区的文化因素起到比较大的作用，东北人往往不重视规范，会违背规则。原来制度不够完善，现在制度也在逐渐完善。在国企中，领导权力非常集中，下属会把事情全部推给领导决定，导致整个决策流程被拉长。

E：其实外企的情况更麻烦，因为外企的决策是逐级审核，严格按程序走，决策过程也很复杂。

D：就房地产行业来说。商业惯例有几个形成原因。一是政府制度不完善，国家没有统一的制度。例如在全国范围内，房地产企业卖的都是建筑面积，而只有在重庆卖的是使用面积，因为国家和地方都没有明文法规规定。还有在某些地方买房之前要先交1%～5%的契税才能签合同，而有些地方则是先买房再交税，在收房的时候再交。二是历史流传下来的惯例，例如对一室、两室、三室的房子在不同地方叫法就不一样。三是从潜规则变成明规则。例如房地产中所有的合同都是倒签合同，即先施工再签合同。而且房地产商经常采用房子来抵消合同款。这些都是行业内公认的规则，没有写在纸面上，但是都已经被认可。而且地产行业明显具备“三里不同市”

的原则，地区之间的规则差异非常大。

B：五六年以前，东北人和山东人是很好做生意的，但是现在他们把以前南方人坑蒙拐骗这一套学去了，而现在的南方人做生意已经逐渐比较正规了。东北地区由于历史原因，重工业比较发达，而且东北与俄罗斯、韩国接近，因此商业行为也受到这些国家的影响。

D：商业惯例还和人的认知有关系。例如，北京、天津等大城市人认为洋房住得舒服，高层住得不舒服，因此高层比洋房便宜。但是在呼和浩特我们就发现，当地人由于之前住高层比较少，都希望住进高层，因此高层的价格就比洋房高。这是明显的差异。

F：我们公司主要做的是贸易。我现在主要做的是采购工作。前几天去和新加坡企业家交流，他们在中国投资过程中发现原本承诺的优惠政策无法落实，他们不适应中国政府复杂的审批体系。但是，有一个人如能做得很成功，他就是对中国人的办事方式比较了解。这个问题还和发展阶段有关，在企业发展初期，往往会采用很多灰色的手段，但是随着企业规模扩大，手段会逐渐变得更加正规。

B：我们大部分人都做的是销售，也就是“卖”的工作，而你做的是“买”的工作，我也很想知道你们对于付款、回扣等问题是怎么看的？

F：我们的付款方式都是根据情况而定的。我们并不是因为对方是大公司就及时付款，小公司就拖延，这并没有相关的关系。我觉得我们的采购人员还是比较有素质的，对供应商的态度不太恶劣。我们在付款之前有很多流程，在确定供应商的时候也有很多流程。在选择的时候主要还是看供应商提供的服务，尤其是比较细节的配合我们的服务。我们付款的时候会综合考量，看看资金用在哪些地方效率最高。

E：潜规则也是有好处的，假如外企也去用回扣，对病人是有好处的。大家都知道×××药是好东西，但是没回扣，就不会有医生开，那些贵的药有回扣，医生就会拼命开药。如果我们能用回扣去引导医生多开合适的药，对医生和病人都会有好处。

B：惯例的问题也和企业的生命周期相关，不同发展阶段的惯例肯定是不同的。客户里面有收回扣的也有不收回扣的，而我希望他们收，这样我这边就会比较放心。

D：收回扣事实上都会进入公司的主营业务外收入，对于收回扣的一方还有风险，因为行贿方还有可能用录音或录像的方式反咬一口。因此现金回扣现在很难行得通。

B：做销售的不应该给客户造成损失，你的产品不能给顾客造成损害，也不能给这个客户的决策者个人造成损失，回扣应该成为一种感情投资。

E：现在医药企业的财务制度管理越来越严，销售人员很难用企业的销售费用去给顾客买购物卡、请顾客旅游消费等等。

B：现在当然应该是以制度去约束最好，但是在很多地方终究制度跟不上。我们当然希望没有回扣最好，但事实是现在没有回扣确实做不成。在中国通过法律手段去解决商业纠纷根本得不偿失。未来可能企业信用体系还要进一步的完善。

注：为保护与会人员隐私，本次焦点小组访谈部分内容未予公开。

附录 2

焦点小组访谈（FGI）沈阳正式调研记录

1. 参加人员

课题组参加人员：

课题组负责人李东进教授，中方专家秦勇副教授

企业界与会人员：

A：男性，某外资石化公司沈阳分公司销售经理

B：男性，某电信运营企业高级经理

C：女性，沈阳某房地产公司销售经理

D：女性，某医疗器械公司东北大区经理

E：男性，某软件公司销售经理

F：男性，沈阳某医药企业地区经理

G：男性，沈阳某国有大型制造企业销售经理

H：男性，沈阳某国有上市制造企业销售经理

I：男性，沈阳某钢铁制造企业销售经理

k：男性，沈阳某制造企业市场经理

2. 企业界与会人员部分谈话记录

A：我先做个自我介绍，目前在某石化企业沈阳分公司工作，这

家企业的总公司在国外，在中国投资建厂主要生产建筑材料、建筑外墙的外包装，主要是建筑节能这一块。我们的主要客户群体是开发商、政府、大的企事业单位，所以对商业潜规则这个部分也比较注意。我主要做的是销售，就我们这个部分，商业惯例在我们这个行业里还是很多的，无论是在和客户沟通的前期、中期和后期。而且目标客户也会不太一样。举个例子，我们如果要跟外企沟通，我们所认为的一些潜规则就会比较少一些。像我们跟宝马等外资企业打交道的时候他们的制度和流程比较规范，这样我们也比较省事。但是如果要和政府或者一些房地产企业沟通的时候，惯例就会比较多。

B：我是做电信运营的。我们的客户主要分为两个部分，一部分是像你们这样的个人客户或者企业客户，在这个方面我们是作为乙方。对于个人客户来说，这些商业的潜规则基本上是没有的，我们提供的是采取垄断地位的标准产品，对于一些行业客户比如政府、部队、其他的企业客户，可能要涉及部分的商业潜规则，当然我们的企业性质是国有企业，可能在制度、操作、商业环境上会比较死板，尤其在北方地区，可能比较保守。所涉及的一些潜规则一般都是心有余而力不足的，可能客户会有这方面的想法，但是我们更多的是给客户提供更优良的产品。潜规则的表现可能就是我能提供最优质的价格。举个例子，我们和教委合作，我们给教委新建的系统，可能就不收教委的费用，这一部分可能是几百万的费用。我们和这些单位的合作，也在随着情况发生变化，以前，大多数是小型和中型的合作，更多的是图利，双方是收益分入，在这种关系中我们属于甲方，能够控制这个合作推进的效率和品质，因此对方会使用一些潜规则。伴随着经济发展，现在我们的合作对象往往是腾讯、京东这样的巨头，在体量上和我们几乎对等，我们之间的合作也是一种战略层面的合作，相对来说商业规则会少一些。但是，由于他们是锐意进取的新型企业，而我们属于传统的国有企业，双方进行商务谈判的目的和规则可能有所不同，双方需要相互理解彼此的行业和目的。

D：大家好，我来自医疗圈子。大家都知道医疗圈子分为药品和器械两个部分，现在国家对于药品这一块控制得比较严，我从事的是医疗器械。我现在就职的企业是 × × × 技术有限公司，我们具有自主研发的知识产权，主要生产用于泌尿检测的一个设备，我们目前的市场格局是法国进口垄断了 6 年之久，但是后来被药商收购之后它的销售模式与医疗器械不够匹配，导致他们的销售并不理想。我们公司属于后起之秀。我们之所以能有这样的成绩，主要的原因还是和销售的方式有关，我们是以推销为主，厂家更多的是技术支持，无论是见院领导还是大专家，都是以技术支持的角度。我们更多的是依赖于分销商，更多的惯例也发生在他们之间。不过在我来这家企业之前，也曾经做过直销，也了解一些商业惯例。

E：我来自软件公司，我来的时间不长，半年时间。我们是做网管监控软件的，很多运营商都是我们的客户。我们这里提到义和利的关系，在我们这里，对于公司的利益要比人情关系重要得多。我说一个在我来之前就中标的项目，我们和移动、电信这种公司合作，软件的项目都是滚动的，每年都会往项目里投钱。一年是几十万或上百万，十年下来就是上千万的项目。双方谁也离不开谁，客户不愿意前面投资打水漂，我们也不想放弃这个项目。对于客户来说，可能一次投标别人都说100万，我们是30万，肯定是给我们了。

F：我来自医药企业，主要和医院打交道。医院的潜规则应该从中国的大背景开始，中国对于医疗的投入实在是太少，这可能会造成一些潜规则。医改正在进行，前一阵会议也在说，既要增加医院的公益性，又要自负盈亏，这是一个很大的矛盾，很多年都会一直存在。但是作为我们的客户，一家大型医院，并不是很看重这些部分，他们更多的还是看重器械的安全性、药品的有效性、病人的利益。在满足这些的大前提下，会存在一些潜规则。在这里有一些新技术，比如一种新机器叫达芬奇，北京301医院有4台，沈阳只有陆军总院有，东北的许多医院根本进不来，这个机器很贵，大概几千万元，一台手术收多少钱很难定价。先说潜规则吧，比如我们跟有些医院合作培训，我们会对医生参会给一些赞助，会提供医生的出差费用、讲课费用。

G：我来自××集团，是在沈阳的一家大型老工业企业，主要生产大型××设备。我们企业成立很早，有80多年的历史了，是一个典型的东北老工业企业代表。我们的主要客户是“三桶油”，还有其他子公司。我从事的是电力设备的销售管理工作，主要客户是“五大六小”发电集团。我们的产品有一个特点就是都比较大，一个项目可能就几个亿，比较大的项目像西气东输等。这些项目，我们在全国的市场占有率遥遥领先。大项目就导致政府的色彩比较浓，一个项目的上马包括选择零件供应商，不是由中石油决定，而是要经过当地政府的有关部门审批。我们在销售过程中，从一开始立项的时候，可能公司都不知道这个项目怎么做，我们就开始了解这个项目有多大的规模，在投标的时候，可能就会通过政府部门施加一些压力，让企业选择我们的设备。我们公司的产品在市场上基本处于垄断地位，如果不选我们会导致很多问题，国外品牌比我们贵一倍，国内其他品牌虽然便宜但是出了问题就会很麻烦。我现在做的项目最小也有 2 个亿，跟进一个项目可能需要 2 年，销售周期比较长，牵涉的人也比较多。每一阶段的需求也不一样，机构需求和个人的情感需求都要满足。

H：我来自上市钢铁制造企业。我们做工业品基本是做项目，涉及招投标，其中的潜规则比较多。针对不同客户，我们有不同的应对方法，有的客户对价格比较敏感，我们会提供一些针对性的方案。我们也是国企，和政府关系多一些，可能了解最近投资的一些水利项目等，前期就把工作做好，通过设置一些壁垒让竞争对手失去机会。跟客户关系好的话，在招投标的过程中，我们就会设计一些比较高的标准，因为我们企业档次很高，在这个行业是最大的，标准设高了其他企业就很难参与。另外就是价格，在价格上我们只要操纵好了倾向性还是很大的。因为我们这个项目金额比较大，而且涉及水，安全性也很重要。领导者会想如果用一些次的产品，一旦安全出问题就很麻烦。所以我作为大企业在项目中还是很有优势。这些年我们在与客户沟通的过程中也形成了一些比较有效的行为习惯，这些习惯并不是公司要求的，而是我们在实际应用中积累起来的。我们觉得就按照这样效果会比较好。

I：我也来自制造企业，我负责的是一个部门的销售工作。我觉得每个地方习惯不同，和商业也有关系。比如咱们东北地区夏天都喜欢吃烧烤，大家一起出去喝点啤酒，吃点烧烤，可以增加客户感情。我们要适应他们的生活习惯。还有特殊利益方面，一般半个月去拜访客户的时候，会带点小礼品，往往是礼节性的，也不是很贵，很有特色的东西，也不算是行贿。

A：我所从事的是与房地产行业相关的建筑业，这两年建筑行业受国家宏观调控的影响发展也不太好，我们这个行业本身是产能过剩的，竞争非常激烈，北方尤其如此。因此，商业惯例也存在了很长时间了。最开始，我们是不懂，可能是被动的，现在因为整个行业都是这样的，我们也算是被绑架了。实际上外资企业到中国来本来不是这样，后来撞了几次墙也就明白了。它还要规避风险，所以就不是自己去做而是改变销售模式，通过经销商、总代理，将风险转嫁出去。另外，东北地区建筑行业的商业信用比较差，回款往往比较慢，签了合同也不按时付款，我们会把资金的压力转嫁给中间商。因为环境如此，我们不得不这样。

B：这个不仅仅是市场环境，可能跟国家的制度政策有关系。举个例子，大家可能感觉到潜规则，第一就是和政府，第二是和国企，第三是和一些大型企业，你和私有企业和外资企业这些事情就会比较少。为什么呢，第一是收入水平，政府的收入水平是最低的，潜规则是他们正常的收入来源。我理解的规则就是办这件事或者这个项目所把握的这个度。第二个像国企，国企现在数量也比较少，部分国企都转成私有制。买卖不是自己的，因此可能就不太关心商务谈判过程中的集体利益，更多考虑小集体或个人利益。如果是私企，会更多的考虑企业的利益。我觉得不光是国内如此，国外也存在这些现象。这个就是看规则的这个度。这个可能还和国家发展程度有关，我们国家可能明规则界定的范围比较窄，所以潜规则就比较多，而发达国家这么多年商业活动中把明规则制定得比较详细。比如回扣，多少是合理的，什么形式是合理的。在我们国家回扣是被禁止的。这种很粗糙的规定，使得剩余的地方全都变成了潜规则。我觉得这个是社会进步带来的。国企领导一年挣很多钱，老百姓觉得很不合理。看看政府的官员，省长一个月挣多少。我们如果看看那些大型的私企，联想的 CEO 一年挣一亿多。大型企业的管理，为了吸引人才，这个领导实际上就应该挣这么多。医疗行业，医生应该挣多少钱，一个医生先上 5 年本科、2 年研究生、3 年博士，在这样一个行业中，一个医生应该挣多少。我个人认为一个外科医生一个月应该有好几万才对。但是老百姓肯定不会这么想，他们认为医生挣三五千就差不多了。很多的行业规则，应该是商业发展过程中的必由之路，无法规避和改进，我们就是要走这条路，等 30 年之后我们再来讨论，可能就是另外一个规则。

D：现在的厂家为了和客户沟通得更好，有的时候这个目的也能为医疗事业做一些贡献。比如说我们会定期搞一些学习班，或者开一些年会，这些来的对象大部分是二线城市甚至是乡镇的医生，就给他们请一些专家讲一些新的技术和药品的进展。我们厂家会去赞助这样的会议。这种赞助行为，国家并没有明文规定，就会成为一种行为习惯。我们认为这种做法让我们心里比较舒服，也不用去给回扣。我认为回扣没有被迫和不被迫，做生意应该有一颗感恩的心，当对方帮助你的时候应该给对方回报。当我们去报答对方的时候可能会有不同的方式，这种方式就有可能是回扣。我早期做直销时也有回扣，但是现在越来越合规。这种会议主要是对学术的支持和推动。每年都会举办，请很多基层医院和上层医院来指导工作，我们在这个时候承担他们的费用。

葛兰素史克出的是行贿，跟这种会议是无关的。

F：这种会议最大的受益者是患者，因为医生的水平提高了，患者就得利了。日本早期的胃癌诊疗就比我们先进。这已经形成了一种全球性的规则。

D：我们邀请国家级的讲者来的时候，器械厂家在学术方面不太强势，药品厂家往往比较强势，他们和专家的关系也会比较好。专家的讲课费，这是明文规定要给的。很多专家也愿意这样，既能出名，也能有收益。当然我们也有目的，会促进我们的销售。我们在做这些活动的时候，感恩都是相互的，当我们帮助和被帮助的时候，无非就是想要在这个活动上宣传一下我们自己。

B：我咨询一个问题，比如我是药厂，你是医生，我资助你两年去美国进修，最终受益者也是患者，这种行为是否存在？

D：不太敢这么干，头几年还行，现在不可能。这是公众的行为，不能针对个人。不过可以资助专家去国外开会。当然，现在的专家都有国家的研究基金，不需要我们这么做。如果是中层的医生，就要考虑在他身上投资很有可能回不来，不会这样做。

G：在招聘新员工的时候，如果没有特别要求的岗位，有关系的会优先选择。但是现在我们也和几所院校有深度合作，有我们需要的专业，每年在这里招的学生比较多，这个和关系就不是很大。但是如果是其他院校的，可能就需要靠关系。

H：其实不一定是非要给回扣他才会帮我办事，可能我们做到一定关系之后，我们什么都不给，他可能也会帮我们。从最早的生意伙伴变成私下的朋友。

D：重复采购是非常重要的。如果我们在一次生意谈成之后不再去联系客户，以后这个客户也不可能再会和我们合作。

G：我的理解，不管是回扣还是其他的方式最终都是建立了信任关系。一个项目持续很长时间，这两个人本来不认识，后来通过资金或者人脉的纽带，逐渐建立一种信任关系。不光是人的信任，还有品牌的信任。在北方，由于这种信任的缺失，所以显得尤为重要。

A：我觉得南方也很讲关系，像温州那边，圈子也很重要。国外更多讲法律，南方更多讲的是商业规则。北方在这个方面比较混乱。大家在东北做生意也能感受到。两个人本来的关系很好，一旦中间有什么问题翻脸了，前面签过的合同全都不算，就像杀父仇人一样你死我活，更多地体现出一种性情。这几年可能进步点。在东北，就是如果两个人关系好，什么事都好商量。而在南方，买卖是买卖，人情是人情。北方人没有分开感情和商业的关系，都纠缠在一起。国外就谈法律，南方类似温州就是执行一种圈子内的规则。所谓的信任关系，就是一种规则。

A：我们企业是外资企业，在和政府沟通的时候往往是通过顾问。外资企业在和政府沟通时会有文化的差异。这些顾问来自政府部门，或者认识一些人。

G：我们企业的产品决定了我们和政府的沟通非常重要。这些工作往往都是由我们的高层领导去做，因为这些人脉资源也都是掌握在他们手上，我们销售部门不会直接去进行衔接。对客户来说，我们一般就是销售人员和中层领导进行沟通，当然是级别对等的。对方是县委书记，是总经理去，县委副书记，也是总经理去。

B：其实东北人和南方人有很多差异，在办事、思维方式方面完全不同。东北人在日常生活中，更加缺乏商业意识。东北人的财商比较差。在南方，不管是珠三角还是长三角，对外贸易都比较发达，长时间形成了商业的意识。他们在说话办事的时候更多地会遵循商业的方式。而东北，由于自身的资源比较丰富，不需要付出很大的努力就会有很大的收获，而且北方有长达半年的冬天，在这段时间内我们事实上是没有工作和思考活动的。所以现在东北人会觉得，我们的观念比南方要差10年，我们的经济环境比南方差。现在的社会逐渐地向资本和商业社会转变，原来我们依赖的传统农业和工业不再是主要产业。其实东北人也在跟跑，也在想办法跟上时代的发展，但是几百年留下的传统还是很难改变的。

H：我觉得前期的时候跟东北人打交道比较容易，跟南方人前期很麻烦，他们会跟你谈很多问题，很麻烦，但是后面就会比较省事。而东北人一开始很容易，后来全是问题。

I：跟东北客户接触时，你一开始跟他谈的很细，他反而觉得你比较见外。跟南方就是在合作之前把细节都要谈好。还是跟南方人谈比较容易。

G：东北人的豪爽不能代表正义和正派，只是一种性格。商业更应该讲商业规则。北方人正向的豪爽我们容易接受，但是负面的地方他也会豪爽。比如做生意的时候，你跟他说我六你四，他说好的不差这点。但是到了结款的时候，他就要说你别要这钱了。这中间没有规则，从头到尾就是看双方的心情。北方人对情感比较在意。但是说句实话，情感是很难把握的，尤其是情感涉及钱，任何情感都是胡扯。

D：前期的时候，建立商业关系需要通过人情，到后期肯定还是需要利益来维系这种关系。但是既然想到了后面的事情，肯定就是人情已经建立起来了。这种利益不一定体现在金钱上。在东北，你要没有人情，根本无法达成合作，但是如果这个生意不能带来利益，肯定也无法持续下去。

G：人情重的地方，说明这个地方没有进入商业社会。像北、上、广，越发达的地方人情越淡。越落后的地方，人情越重要。因为商业规则的落后，他需要通过人情来建立信任关系。

I：我们在东北看东北的时候，越往北，这种东北的特色越明显。辽宁比黑龙江要好很多。越往地级市、县级市，这种现象越明显。但是这样生意其实越好谈，很容易达成区域的垄断。越不规范的地方，其实我们更好控制。

G：在东北做企业，政府的色彩非常浓厚。如果是个人的买卖做大了，很容易跟政府搭上关系，然后你的买卖就从私有变成国有了。东北有句话叫关门挣大钱。如果你挣钱了，让别人都注意到了，你这生意就会很麻烦。如果别人都不知道你挣了多少，利润率有多高，你才能挣到钱。还有就是东北地区普遍法制意识淡漠，政府的行为很随意。

K：东北的企业受政府的约束还是比较大，比如沈阳的××汽车，它做大了以后就想把发动机的部分拿到南方去做，实际上从运输、成本的角度看肯定是更好的，但是当地政府就不允许。

E：北方要是竞争的话，跟南方比可能竞争不过南方，公开在市场上可能员工都没有饭吃了，国企员工都会下岗。政府是无法承受的。

B：这种地方保护肯定是落后的，未来的东北肯定是要参与全国的竞争，甚至是全球的竞争。

D：其实东北本质是落后的，在医疗领域，在分任务的时候，东北的任务不会超过全国的10个点，任何一家企业都是如此。

G：北方的计划经济色彩还是比较浓，南方主要是市场经济。也是因为改革是从南方发起的，从国家角度，改革是有风险的。所以国家会让东北先观察南方改革的成果，如果好，北方再效仿。所以我们总会觉得北方比南方晚十年，这里面应该也有国家整体的战略考虑。现在南方也在进行改革，这里面也是风险。

D：现在我们主要通过培训考察的方式来谈生意。我们建立基层医院和一线医院的关系，很多医生也愿意来考察，因为这样可以得到更多的交流机会，一些疑难问题也可以向大专家咨询解决，转院也有了通道。

G：我觉得，在东北谈生意的时候，大事是在饭桌上谈的，小事是在办公室里谈的。能吃上饭了，问题也就差不多谈成了。

D：可能和当地的酒文化有关系。对于我们女性来说，我觉得请客户吃饭喝酒真是一种负担。

G：山东人跟你在酒桌上喝很多酒其实也是由于你们之间没有利益关系，属于一种尊重的表现。如果有利益关系的话，可能就不会这样表现。喝酒其实主要是感情的表现。

D：我去内蒙谈客户，他们可能看我是女性，也没有特别过分的灌酒，感觉那边的素质也还好。

G：也可能是你从事的医疗行业的总体素质比较高，行业层次越低，喝酒的程度就越厉害。

H：高层的领导，在酒桌上就很少疯狂喝酒。下面基层的人，还是比较喜欢这种大口喝酒的氛围。

D：谈生意肯定都是先私下交流，最后才是在明面上的谈判。在私下交流的过程中，潜规则必然会起作用。

G：现在除了饭桌上，还有一个场合就是茶楼，或者是澡堂里。这些私密的场合有利于加强双方的感情。当然到这个阶段的时候已经关系很近了。

H：现在我参与的项目中完全按照招标程序走的根本没有。所谓的运作项目，也主要是人际关系和一些灰色的东西。如果没有这些东西，这个项目根本拿不下来。

D：也有一些极少的特例，在招标的时候也遇到过抢标的情况。

H：现在其实即使是私下交流也是有个限度的，不可能是你的产品本身很差，你工作做得好，我就用你的产品。

G：肯定是商业环境越先进的地方，私下交流的成分就越少。可能过 10 年之后，东北的规范程度也会提高很多。

H：政府在这里面也起到了很大作用，政府在政策上会有导向，企业在经营过程中也必须要考虑到政府的态度。很多项目实际上是政府投资，所以搞好政府关系很重要。

D：在我们这个领域，客户有些新的东西不知道，我们也要去推广。就像刚才提到的，客户去提技术指标，但是有的客户提不出技术指标，他也不知道有哪些指标。新产品出来之后可能是我们和客户一起去研发。

H：我们使用这种商业惯例，肯定是因为对我们企业有所帮助，属于一种捷径。或者说是投入产出更加划算。

B：在竞标过程中，我们会和中介公司进行合作，如果和他们合作，我们就能中标，如果不合作，就无法中标。这个中介公司从法律上肯定是合法的，但是如果从其他层面来看那就很难说了。找中介公司对于企业来说就是效率最高的行为，我们只要设定自己的成本、要求、能够接受的范围就可以了。现在国内的很多潜规则都在向合法化的方向发展。从我们这个部门来说，因为利润相对来说比较低，所以面临的潜规则也就比较少。但是在其他的部门例如基建、采购部门，在北方地区肯定都会有一些约定俗成的潜规则。

在通讯行业大家都知道有三大运营商。我们之间的客户尤其是集团客户这一块基本上是保持稳定，不去互相挖对方的客户。而是在现有客户的基础上争取增加销售额和利润，维持区域的稳定。因为我们三家能提供的产品是相对单一的，如果互相竞争也就只能通过更低的价格，那么最终会导致大家整体的利润下降，对大家都没有好处。企业降低价格，服务质量必然也会下降，对消费者最终也是伤害。

I：我觉得国家的钱也是人民的钱，你们是用国家来把人民绑架了。国家的，制度上讲就是国家的钱来自于人民的税收等等。

B：这个观点是错误的，国家的钱就是国家的，人民的钱才是人民的。东北人会有这样的观念。您说的是对的，但是就是看问题的角度不一样，这个问题比较复杂，不好深入探讨。

G：如果排除价格因素，我们北方消费者可能还是喜欢国外的产品。从买车上可以看出，国产车即使稍微便宜一点，也会有一些安全性、服务上的担忧。但是也有一个现象，就是在比较低端的车型当中国外品牌已经在逐渐淡出，国内的车在价格上对于这个档次的消费者还是更具吸引力。

E：在同时能消费的起国内品牌和国外品牌的时候，我们还是倾向于国外品牌。

B：有些消费习惯的差异可能和气候有关。因为南方的气候导致产品难以长时间保存，北方则可以做到。也可能和生活习惯、收入水平等相关。

H：北方人生活节奏比较慢，人都不着急，性格上面比较粗放。所以在消费习惯上可能也会比较粗放。

B：我说一个我在天津出差看到的现象，天津人早上都是吃煎饼果子。我去天津问出租司机哪里能吃到正宗的。他说现在正宗的已经很少了，应该是绿豆面的。而且天津人去吃的时候都会自己带一个鸡蛋，因为卖煎饼果子的提供的鸡蛋比较小。这一点我们外地人很难想象。而且出去吃饭基本上都是可以带酒的，这个我们这边很少这样。我觉得这是天津人财商比较高的表现。

D：我觉得其实省钱是省不了的，关键还是要开源。一味的省钱抠门会很累的。

H：东北的消费意识有点超前，但是商业意识又没那么超前。在香港买奢侈品的人很多是东北人，但是实际收入水平东北在全国并不高。

D：东北的现实是比较落后的。我认识的一个身家十几亿的大姐，她会和我说妹妹你看我现在用的是什么什么名牌，我要求我孩子要说普通话，我到上海我觉得和他们没什么区别。其实这些都是自卑的表现，因为我们还是落后的。

B：这个落后其实不完全是钱，还有一种意识观念上的差距。

H：我们的产品在进入南方市场的时候，就会面临比北方更严苛的要求，所以会更加困难。

G：因为在北方整体的商业意识不浓，因此先进入的企业具有比较明显的先发优势，等到大家都进来的时候可能就会比较麻烦。所以现在的情况确实是比较好处理，但是，从长远来讲肯定不是好事。

I：在成熟的环境下成长起来的企业和在不成熟的环境下成长起来的企业，肯定是没法相比的。外资企业到中国觉得中国市场也好做，因为他们能力更强，他们进来的时候肯定觉得更加轻松。国外企业一到东北更加轻松。

H：我们在东北遇到问题，首先想到的肯定是找人而不是寻求法律的帮助。宁愿找一些很曲折的关系，只有实在不行的时候才会走法律途径。

而且在中国，很多时候违约方是政府，你即使起诉了最后也很难执行，还会破坏双方的关系。

B：网上购物的习惯主要还是和消费者年龄有关，现在“80 后”“90 后”在网上购物的也很多。京东在东北区的物流基地就在沈阳。淘宝去年在手机上的销售额，辽宁省在全国可以排到第七第八。他们也比较重视辽宁市场。但是从淘宝统计数据来看，肯定还是长三角和珠三角，对于这些地方更加重视。还是和收入相关。淘宝全是江浙沪包邮，就是卖家和买家之间形成了一种习惯。

H：去年淘宝“双 11”的时候也有统计，其实沈阳的数据也很高。

注：为保护与会人员隐私，本次焦点小组访谈部分内容未予公开。

附录3

焦点小组访谈（FGI）长春正式调研记录

1. 参加人员

课题组参加人员：

课题组负责人李东进教授，中方专家秦勇副教授

企业界与会人员：

A：男性，长春某软件公司企业主

B：女性，长春某大型商场经理

C：女性，长春某金融企业销售经理

D：男性，长春某小型工程公司市场经理

E：男性，某外资制造企业销售经理

F：男性，某医药企业高级经理

G：女性，某保险公司销售部经理

H：女性，长春某证券公司营业部经理

I：女性，吉林某电信公司分公司经理

J：男性，某医药企业长春地区销售经理

k：男性，吉林省某地政府公务员

2. 企业界与会人员部分谈话记录

A：我是自己做的一个软件公司，属于信息行业吧。起初是自己做，社会阅历也不太够，喜欢迎合别人，这种商业惯例或多或少也有。这两年也是价值观发生了改变，做事情按自己思路去做，只是做事情，结果的事情不愿意考虑太多，对商业惯例不是很在意。可能我跟很多东北企业也不一样，在我这里真的是不送礼，这个中秋节，我没给任何人送礼，就是该谈事谈事。在招投标过程中，这两年感觉环境确实改变很多。原来招标的暗箱操作是很严重的。我只遇到过两次真正完全靠自己的标书实力中标的。这两次虽然是公正的投标，但是我觉得这里面专家评审的喜好就要看运气了。一本标书是很厚的，即使是专家也很难在短时间内看出哪家公司做得更好，而专家只是凭着标书的感觉和标书里反映出的东西，而且标书中很多内容都是夸大的，虽然相对公正但是从某种程度上讲也是不公正的，哪家案例多，拼凑得漂亮的标书就能中。这属于公平的，当然也有很多是不公平的。特别是大一点的项目，没有中间环节很难拿到项目的标的。总体来说还是往好的方面走，这次中秋节期间我和很多人聊过，很多案例里面礼金都不敢收了。

（关于人情的角度）这个主要还是看你要什么，我觉得无欲则刚。你如果比较淡然，别人对你也没什么办法的。

B：我是在商场工作，在同一个领域工作了 22 年。我所在的企业相对来说还比较规范。我们属于一个私营企业，大部分都是按正常的惯例来操作一些事情。比如品牌进场的问题，我们对品牌的选择通常是按照我们对商场整体的规划，需要什么样的定位，就需要什么样的品牌，根据品牌的相容性的排序去筛选品牌。当然也不排除一些特殊情况，如果两个品牌在同等定位的情况下，有关系的那个会稍微有一些优势。但是如果两个品牌差距比较悬殊，我们肯定是优先选择定位比较好的。所以在我们这个行业里商业潜规则不是很明显。可能在那些老的商业企业比如以前的国有企业潜规则会多一些，那个是在从前。现在来说肯定是越来越规范，现在每一个商业企业都要综合的考虑它的盈利能力、效益情况，所以在我看来这样的潜规则，东北也好，南方也好，所有的企业都是差不多，和其他的企业没有太大的差别。在品牌选择比较多的情况下，商场就更没有必要通过潜规则去引进品牌，而是用自身优势去吸引品牌。在长春，我们属于定位比较高端的商场，长春的商业环境和上海等发达城市相比还是相对落后，所以品牌供应商的选择机会还是比较少，对于我们来说，我们的选择权力更大，所以在同等条件下，会有一些潜规则存在。比如与政府的关系，相关的职能部门，它们会干涉一些我们的引进，但是如果两个品牌不在同一个水平线上，这些关系我们也是不会考虑的。（谈到地域问题）跟区域没有太大的关系，主要还是看企业，我们的企业在北京、沈阳、哈尔滨也都有分店，因为我们本身比较规范，这些事情都比较少。

C：我现在在金融企业工作。我们跟国有企业、民营企业和政府都打交道。国有企业和民营企业的商业惯例和规则是有很大差别的。国有企业的潜规则可能多一些。我想我们所说的潜规则可能跟企业本身的关系和制度的关系有一定影响，但是更多的可能和人的情商有关系。东北的潜规则比较多，可能是东北人的情商比较高。人家给你办事，你不可能一点感谢都没有，说话太空，就给点物质。我们跟某个国有企业的领导办事，习惯性地拿两瓶酒，投其所好嘛，他也愿意喝点酒，而且就愿意喝茅台，别的也不喝，那我们也没办法，毕竟得感谢人家。我觉得这个也不能界定为商业贿赂。

D：我是外地人，我来东北已经 5 年了，我感觉这种差异还是非常明显的。从我们刚才说的潜规则这个方面，差异还是很大的。我是做矿山安全的。我们这个行业是一个新兴的行业。国家现在提倡以人为本的观念，2010 年出台了一个政策，提供一个安全的保证的平台。我们公司就是 2010 年根据这个政策成立的。首先你怎么得到这个信号拿到这个消息，我们就是通过一些政府的关系。而且我们经常打交道的都是政府这一块——各个地级市的安全监管部门负责人。我在我们公司主要负责招投标的部分，我们所有的招投标项目没有一个不是用一些手段拿下的。基本上都是大家有一个不成文的规定，潜规则都是在红线以内进行，这个红线就是安全，毕竟安全无小事。红线以外，大家可能做操作。比如刚才说到的专家，我们都是请专家给我们做投标文件，根据我们公司的特点写招标书，对我们有利的东西，结果自然就是顺其自然的。政府那头打个电话，同等条件下照顾一下，是很正常的。矿里面的领导，正常去拜访一下，这都是非常正常的事情。工程类的，我觉得这东西都是相通的，身边的朋友，别的行业的工程类的基本上都这样，没有关系进不了这个圈，不付出点东西根本拿不了活，这是我的一点理解和感觉。很多情况下这个工程给谁做都能做，可能你一点都不了解给你也行，但是凭什么给你呢？而且我在安徽也参与徽商协会，一些东西并不像这边那么严重。来东北就感觉这边的人情味特别浓。在东北做生意其实很好做，比南方好做多了，只要你有关系，做生意非常容易。我觉得这里面有一个界定，他分强势和弱势的问题。比如我们公司属于中小企业，你要和大公司合作，就要动用一些关系。但是如果我们公司实力非常强，我就没有必要动用这些手段，就可以非常正规化地处理。我觉得这是一个企业从小到大的必然过程，是你没办法去逃避的，企业想做大，这些事情少不了。像前面大哥的企业，是软件行业的老大，我就不需要做人情了，你就要来找我了。像我们现在做成吉林省的龙头老大了，有的矿山就过来找我们，我心情好了就给你做，心情不好就不给你做，企业做到一定程度的时候，就会不一样。

C：我觉得不一定，你要是和政府办事的话，在东北，肯定还是要通过关系。

E：我觉得企业和企业之间这种事还比较少。我们是在外企上班，投工业方面的项目，一般就是看产品价格方面、跟政府什么的，我们个人不会送太多礼。跟企业比如长春的××公司会用我们的产品，这些合作比较多，这些元件，他肯定要采购我们的。或者是质量方面的垄断性，由于质量比较好，所以这些潜规则就比较少。我们对这些要求就特别严，合规就做得很好。西门子也就是自从上次在中国被罚之后就特别重视这个方面的问题。其实他们也会带一些小礼物，我们公司有一个网，会在上面采购一些送给客户，多少钱以下的。请客户吃饭有时候会超标准，可能他们也会稍微做一下账。医疗那边就不用说了，都比较乱，我们公司还是走这种流程，但是下面代理商就比较乱。

F：我主要是从事生物相关的，生物工程，是针对药厂、医院和大学科研单位。我们针对客户也不一样。涉及药厂，就涉及招投标，下面负责科研的人会帮你去定用哪一台机器仪器，因为市场上可以选择的很多。他会根据你的规格特点，设计出一个标准，是别的厂家不可替代的。所以投标出来的时候，我们可能就是先达成一致，然后再找几个陪标的。这可能也算是一个惯例。这种时候，即使是外企公司也无法干预，因为你的标准不够，只有我们一家符合这个规格，别的厂家的产品都做不到，我们肯定会中标的。这个操作上肯定有人情在里面，我是企业老板，这种时候你肯定就要多才多艺，摄影啊钓鱼啊什么都得会，这样才好和客户沟通。

其实东北来说也很重视感情，你跟他相处得真的很好，他可能不是说一定要拿最高的份额，可能就是跟你很开心，就放弃一些东西。我们和医院的合作，可能就会比较谨慎。有些订单，我们可能拿不了，我们确实就不去拿，可能存在很大的风险。毕竟我们年轻，要做事业，那些风险极高的事业我们可能就不去涉足，而且意义也不是很大。因为我们现在在行业中也发展到了一个上升空间很大的程度，这样我们就没有必要去承担很大的风险，能去做就做，不行就算了。像科研单位，就比较简单一些。都会有一些来往，没有一个一定是正规去拿到的一些东西。除非是销售人员可以做到的事，这样的事是随时可以解决掉的，但是大的东西肯定还是要和相关领导沟通，肯定私下里会有一些操作。

G：我是从事保险行业的，从毕业以后就一直从事这个行业，大约 14 年。我们行业主要是针对三个渠道，团险这一块主要是针对政府机关单位，银保主要是和各大银行合作，个险这一块主要是我们的营销员自己内部管理。政府这块肯定是要有关系维护，因为资源是固有的，而我们同行业的人很多，我们的产品同质化也很严重，所以这些就必须有关系的维护。

对于银行，我们现在是属于那种双赢的合作。原来我们是单方面求他们给我们扩大销售规模，其实这个利润空间是很小的，但是我们也要维护关系，因为我们需要这个规模，所以跟各大银行之间都有。而且我觉得东北就是属于处长经济，你把处长维护好了，大领导与大领导达成协议基本上就没什么问题。然后下面一层级和一层级之间有维护，大老板和大老板之间合作，我们处级和处级之间合作，下面科级和科级也有，就是按级别走。有的时候维护不一定需要金钱，你可能更多的是投其所好，有一些精神层次的。

现在我们和银行的合作是相互的，都实现共赢，我们就更好操作一些。现在就是要看企业的大小，企业大了，银行对我们需要多了，他们对我们也需要投入。因为银行是坐商，我们是行商，他的发卡量或者存款金额需要提升的时候他也会来找我们，我们也会要求他们帮我们多卖一些保险，我们就增大你的发卡量。他们帮我们卖保险或者我们帮他们发卡都是有费用的，这个费用我们就可以互相对冲，做成营销方案。

个人方面也会涉及，在东北，企业与企业、行业与行业之间的来往就是处朋友，比如说过年过节，家里有个大事小情，如过寿，我们都是必须要到场的。一个银行的一个小网点，我们可能有 7 家保险公司入驻，维护好这个网店主任，他就可能开早会的时候说，我们今天就卖中国人寿的产品，这做好了肯定是有优势的。其他方面，潜规则是肯定会有的，比如说我们做方案的时候，你提费用点，我们有一个小账，这个是不公开的，小账就是针对各个级别的提点是不一样的，比如领导千分之二，下面营销员千分之一点五，这个不能公开，但是这个是整个行业共同的。比如我们做建工险，现在建工险是统保的，你有建工险，他才允许你开工，但是这么多公司，要做这一块，那你就得维护，大家有个市场价，在市场价的基础上再去工作。因为现在越来越规范，我们也不会去触碰底线，我们内控这块也做得非常好。但是人情和这个是没有关系的。我们对一些退休人员，我们还是会有维护的，因为我们要给下面的人看。比如行长今年退休了，我们明年照样要去维护。这之间的利益关系，不能因为你不能帮我办事，我就不去维护了。有的时候，东北人更多的还是讲感情，你这么多年帮了我不少，不能因为你现在跟我没有利益关系了，我们就终止这个感情关系。我们要求我们的干部员工，虽然他退休了，我们还是需要继续维护。个险渠道内，销售员提佣金的时候第一年提的是最多的，第二年就会很少了，所以第二年他就不会去维护你，而是去开发新客户了。这里他做得不好，他不去维护，那你这一份保单就终止了，就不会给你一些新的客户资源。我们全省有 6 万营销员，银行业很看重我们这个资源，所以银行过年过节也会来拜访我们，原来都是我们去拜访他们，现在他们反过来请我们吃饭。因为他们现在的业务要求也很高，比如开卡量，或者存款沉淀等指标，也需要我们这些业务员为他们去做。

H：我在证券公司，也做了十几年，头几年是在银行。我认为国内的现状确实存在甲方和乙方的关系，大家都愿意做甲方。我们这个行业现在也是双重角色，作为甲方，我们也需要一些设备采购、软件采购，或者代理和销售一些金融产品，信托公司和基金公司。从甲方的角度来讲，我们还是有话语权的。所谓的话语权就是制定一个标准。通过这个标准，我们就可以把很多供应商挡在外面。这个标准的制定和前面做的工作还是有联系的，这个联系大家不用避讳，确实是存在。这个工作就是通过沟通，吃饭聊天建立起来的这个关系。再就是代理谁的产品，比如基金公司，它发行的产品需要有一个销售渠道，我们全国几十万的客户，它要是能找到我们，它的产品销售就非常方便。这种产品全国各地到处都是，找到这个渠道的关键，是产品的质量——收益率高或者高风险高收益，这个会有一个评判，就有一个目标了，这个竞争是很激烈的。在客户这一块，我们就是用个性化、亲情化的服务来维系客户，我们在这个过程中就是乙方。我认为在国内，还是需要有大量的感情投入的，这个是必须要做的。都说“酒香不怕巷子深”，我认为这只是一个理论，如果要维系好客户，还是需要一些实物刺激和投入，过年过节必要的维护都是很正常的。你不去联系沟通客户，再好的产品他也不会认可，因为他不熟悉你。我认为我们做很多事情都是有一个利益的驱动。

F：包括我们所做的行业中，我们的产品是最好的，但我们还是需要去维护，因为要避免其他产品对我们的冲击。

G：招投标这里我想补充一下，近些年来我们合作的单位，虽然有感情在，但是作为企业人，我们肯定是要维护我们企业的利益。对方单位虽然和你关系很好，但它也要维护它的利益。整个内部控制是有一个价格的要求。所以在招投标的过程中，虽然我俩关系好，他可能会选我，但是在利益这一块，一定是按照自身公司的规则来。人情可能就是同等条件下我可能会选择你。

H：风险控制是前提，即使有人情，有利益，我们也一定会在意这个产品是不是会带来风险，这个是东北或者全国肯定都能做到的。

G：有可能我跟某个银行的关系特别特别好，好到我们私下就像是姐妹，但是为了公司、银行的利益，她的价格在谈判桌上是不会让步的。我觉得和政府的投标可能更好操作一些，因为和政府之间就不像和企业，需要达到双赢，是一种单方面的关系。

I：我是来自电信运营公司的，我不是长春市的，是其他市的。他们说的都是企业与企业之间的合作——你得达到我的一个最低点才能合作。但是在我们这里不是这样的，比如我们推销手机卡，我们下面有一系列代办点，我们有可能一次给你 50 张，因为下面的下面还有代办点，他往下铺的时候，比如一张卡我们可能给你的返点是 20 元，但是他会亏钱往外卖。因为这样做在年终的时候任务完成量就能上去，上来之后没有经济奖励，但是他是为了往上爬，好多支局长就是在亏钱做这个生意，他就是为了工作可以亏钱。

G：我不是很同意，发卡量提升，目前看我是在亏钱，但是用户增加了公司的长久利益。企业性质决定了他们主要看的是后期的消费，手机绑定一个号用两年，手机可以白送给你，因为他看重的就是你后期的消费。他们也做过这样的测算，才会选择这样的方式。要是我拉取一个客户，总公司给分公司多少费用点，分公司往下还有多少费用点，这里主要还是客户的争夺。

I：这里肯定有客户的争夺，你说的可能是整个吉林省的总的利润的上升。但是对于我们这种分公司，我们这里去年一共亏了2000万元，整个分公司500多人是亏钱的，最后这个钱是省公司从其他地方的盈利中给你补到这里来的。比如我们做手机基站工程之类的，我们下面的单位就没有招标的说法，谁跟总经理关系好，谁就能拿到这个工程，我们都是内部人去做这个工程，外面人根本拿不到的。内部人拿到了不是自己做，而是让家人，如哥哥嫂子什么来做。而且验收工程的时候就很明显，根本没人去查，公章就在我这里，你每次拿来一大摞材料，就直接盖章。不出半年左右，工程全部出问题。农村这里现在因为还没有到光纤的程度，每天巡护员、护线员在巡逻，天天都有人偷。电缆在天上挂着，掉下来的时候电死过人，最后都是内部直接掏钱解决的。

J：我是医药行业的。医药行业的潜规则对于做医药营销的人也是很为难。现在中国的医药营销面临的问题，一个是要跟世界大药厂竞争，另一个在中药领域全国几千家药厂，可能就是一个品种。所以他们的原则就是，我不管能不能卖，我先混个脸熟。大家说的送礼啊，人情啊，也就是为了混个脸熟。可能就是送了个渔竿什么的，这个药就给他了。所以我认为这个也是没有办法，因为同质化太严重了，最终目的也是为了把自己的东西卖出去。我是做采购的。因为我们企业本身是国企，改制过来之后前期在采购上出了很多问题，所以后期的制度就很严格。我这个位置，个人操作的空间就不大了。因为药材的标准都是独立部门，我们就是质量部门把关的，这个就是一票否决，如果质量不行就是不能进。如果想要去搞定他们，就要把整个厂 2/3 的人给搞定。

我们车间是风险把控的，有一个中间检测不行，它整个就会查，它不可能去操作，除非你把这个厂 2/3 的人搞定了。但是有一些小厂，它的采购是有问题的，买的东西就是假的，所以质量就不行，所以后面的销售人员也就没有办法。药这个东西，小厂做出来三毛钱，我们大厂规范做出来就是三块钱，国家限价可能是 4 块，所以小厂有 2 块多的空间去操作，大厂的营销费用加起来可能就是 1 块钱。而且中药还有一个问题，它的起效很慢，我开哪种药的疗效都差不多，所以选择性是很多的。所以营销人员没有办法，就只能去公关那些药师和管控医生。也有人来做我的工作，我们公司就有明确的规定，不允许和供应商吃饭。有时候我也很为难，有些企业我们可能合作了十来年，就是饭都没吃过。如果我跟他关系好，他可能在价格上会给我一些照顾，但是如果我们就是中规中矩，那他销售经理手里可以打的折扣我就享受不到了。我也觉得关系不熟有些工作不好做。我认为这种环境还是好一点，对企业的风险小了很多。

K：我是在政府工作的。都说东北人比较直爽，什么事都放在桌面上。东北的商业惯例，潜规则也好，明规则也好。说到商业惯例，肯定是有一个目的的。我觉得这个就是一种投资，处的好就会超越商业行为，成为哥们儿。但是归根结底还是一种投资。投资的目的，还是要效益。我们表面上是在桌面上谈，实际上最终达成的，必定是一个双赢的局面。不可能你给了我多少多少，我签了协议最后造成我亏损。所以我们虽然说了一些提成比例什么的，但是最终结果肯定还是双赢。东北人的这种投资很多，不只是东北，全国都是这样。我是税务部门的公务员，我们是在管理这些企业，但是现在国家税务总局也在改革，对企业已经不叫管理，叫服务。现在国税地税都在改成一切为纳税人服务。原来说税务局权力大，是因为它管企业，现在我们是服务，角度就变了。现在企业不用怕我们税务局，小微企业国家有政策，很多小微企业不知道。如果你跟我关系好了，那可能政策就全给你落实到位，如果关系不好，可能有些政策就落实不到位。我们的执法权，你们有违法行为了，我们有自由裁量权，500～10000 元的罚款，关系好了可能就少一点，这里面有人情在，我也不违法。这个国家法律在制定时候就给了我们这个空间。这种操作权也给我们带来了执法风险，我们也有内控。比如刚才的 500～10000 元之间的罚款，我们单位就会有内部的参考标准，哪些是 500 元，哪些是 5000 元，这就是规避执法风险，我不能因为人情就把风险担到我自己身上。我觉得企业和政府之间这种投资是必要的。

中国是一个人情社会，有的时候人情大于法。但是现在你会发现，人情越来越不能大于法。它是有一个进步的过程。从发展的眼光来看，现在人情是不可能再超越法了。现在都是越来越规范越来越好，政府的廉政规范抓得非常非常紧。这一年我们系统还真没出什么事，这一年真的抓得非常厉害。东北人的性格照我来讲还是更容易接触一些，大家也都说在东北好做生意。有个感情基础后再去沟通了解。只有你的东西真正满足我需要了，我才会在人情的基础上去选择你。

D：我现在办公桌上放了三个合同，加起来 500 万元左右，这三个合同全废了，就是执行不了。都是跟大公司签的，是上市公司，你是小公司，签完合同了，合同有可能就是废纸。因为你不做，很多人抢着做，这跟不讲信用是没关系的，关键还是在公司的地位上，你没法告它，告了之后你还想不想拿项目了。就是这样，非常现实。而且现在希望正规化的都是大公司。因为小公司是通过不正当的手段来冲击你，所以你希望正规化，正规化之后你们就竞争不过我们了，拼产品质量你肯定不如我。小公司就希望不正规化，它们的成长就需要一个这样的过程。所以这个和公司的规模绝对是有关系的。

注：为保护与会人员隐私，本次焦点小组访谈部分内容未予公开。

附录 4

焦点小组访谈（FGI）哈尔滨正式调研记录

1. 参加人员

课题组参加人员：

课题组负责人李东进教授，中方专家秦勇副教授

企业界与会人员：

A：男性，哈尔滨某民营咨询公司项目经理

B：男性，黑龙江某大型合资农业集团高管

C：男性，黑龙江某大型国企市场经理

D：女性，哈尔滨某大型农垦集团财务主管

E：女性，哈尔滨民营咨询公司企业主

F：男性，哈尔滨某零售企业市场经理

G：男性，哈尔滨民营物流企业市场经理

H：女性，哈尔滨建筑、装饰材料公私经理

I：女性，哈尔滨某旅行社老板

2. 企业界与会人员部分谈话记录

A：商业谈起来比较宽泛，包括生产、销售、流通还有项目。我现在主要是做项目，这里面涉及的商业惯例就比较多。比如我们现

在在大庆做一个项目，大庆这个地方的惯例比其他地方还要多。制度是肯定有问题的：第一，你没有熟悉的人根本进不去；第二，进入招投标环节之前，专家组里没有你的人你也进不去；第三，甲方单位要是没有人还是不行。现在围标的情况太多了，这是制度问题。我们在做项目的时候，就是要把招投标变成邀请标。现在通过反腐、制度的更新建设，情况好了很多。100 万元以上的项目，不允许邀请标，只能招标。现在制度的建设更完善一些，我们也希望公平竞争。我们的商业环境跟市场化国家还有一定的差距，这个差距源于体制、制度。在国外，招投标的时候我可能对我的技术和产品很有信心，专家是公平公正的原则。我在韩国也工作过 4 年，在那里担任部长的职位，我在那里的公司也进行招投标，专家很公正，所以我们公司可以获得成功。但在我们这里，可能会有很大的问题，你的东西好，但是在招标设计的时候在参数上就把你这个公司就过滤掉，所以做项目可能比流通还要难。在市面上我的产品可能具有垄断性，不具有垄断性就拼质量，质量相同拼价格，价格相同拼服务。东北人性格豪爽，我们也是深有体会。东北有一句话：先做朋友后做事，事成不成咱们还是朋友。我们也到南方去进行商业活动，南方可能就不是这个态度，跟你能做的时候是一个样，不能做又是一个样。10 万元签约给你派桑塔纳，30 万元给你派捷达，50 万元给你派中档车，100 万元给你派奔驰，非常明显，从菜码上就能看出来。我们是民营企业，20 多人，主要是做项目，和政府接触比较多。在目前制度下，虽然改善了很多，但是很多优秀企业入不了门。特别是一些新兴小微企业、创业企业，无法入围。在大庆，你说你这个企业技术很好，但是先要让你使用案例，可我现在入不了大庆的围怎么会有使用案例，这不就有很大的问题吗。中小企业为什么起不来，在这里就打死了。商业惯例是有区别的，像生产和流通我们可能弱一些，因为我们又是甲方，我们也在购买产品，提供给大庆这边，里面还有我们系统集成，自己开发的部分。

B：我来自大型合资企业集团，主要是做农产品的，包括农业机械和现代农业种植。农业机械主要包括玉米收割机、青贮收获机、大马力拖拉机和联合整地机。我们还有一个现代化农业集团，主要有葡萄种植、玉米种植和蔬菜种植，现在应该是最忙的时候，员工2000多人，产值大约12个亿。我在集团是做副总，主要负责行政、人力资源、采购和物流。我看您这个是集中调查东北，以三地来形成地方的人文思维对商业环境的影响。我谈三点理解，第一，我这个工作和政府沟通比较多。我们是和国外合资的企业，外方以技术和资金入股，中方以厂房和土地入股，技术归合资企业所有。它还有别于凯斯纽荷兰这些企业，大家对这个行业了解可能比较少，这些都是国际数一数二的大型企业，但是它们把中国当做一个市场，在中国就是一个组装和销售。但我们和外国合作的企业是集研发、生产和销售一体的，技术的知识产权归中方所有，所以省里和市里的支持沟通力量都是很大的。这个行业也是国家重点支持的行业，因为属于大农机、大农业、现代化农业。像我们100万元的机器，70万元是国家出钱，30万元是客户出钱，所以我们和政府的沟通非常多，从开始建厂和政府关系就很大。当然这个和商业惯例没有关系，属于一种政府政策行为，国家也是在推动大农机的发展，尤其是在东三省。因为这里涉及解决当地的就业问题、税收问题，这些都是政府最关心的问题。这个不是我们企业的领导和省长市长关系好就能做得了的事情，这里面主要是资金和国际关系。当然在和政府其他部门做项目沟通的时候，有熟人介绍办起事来还是比较顺畅。我们外部环境除了政府，还有一些外部采购的企业，我们的总装车间，外围还有 83 家配套的厂家，拉动产值近 30 亿元。在和这些企业沟通的时候，东北的商业惯例在南方可能就无法应用，因为南方的企业更注重一种契约精神，但北方的企业不具备。我们的 83 家配套厂家中有 28 家是东三省的，其余的主要是在江浙一带。跟这些南方企业就可以谈，比如说交货、质量工艺标准、回款等等，合同签完了你就不用管了，到时间它就会把货发过来。跟北方企业谈的时候什么都好说，只要你说的我全答应，但是后期全是违约。它们很不严谨，就是十分想得到这个客户，然后什么条件都答应下来。在南方给我们做配套的这些企业都是成规模的，比如车灯，在中山这种企业可能有上百家，在哈尔滨就只有一家，从中山采购的运费可能还无法抵消这些本地企业给我们带来的损失，所以我们会从中山采购。另外您刚才谈到内部客户。对于我们企业来说每一个员工都是我们的内部客户。在员工与员工、部门与部门间的关系当中也存在一些商业惯例，这里面关键是部门的管理者或者企业的法人如何去看待这些事。一个平台到了一定程度的时候你光靠人情管理是不可以的，肯定会乱。每一个企业到了一定程度的时候它的规范或者法典很关键，做好了之后它不是放在那。这个就和商业惯例和一般人固有思维模式是相互冲突的，关键看企业如何去把握。在我们集团就是一个规定一旦成了就会比较强力地去推行，任何人都不能例外，除了我们的投资人。这种影响取决于每一个部门的管理者，你自己是怎么想的。从我的角度来看，您所提到的东北企业的这些商业惯例，在我管辖的部门就不存在，因为我就会按照企业的法典去做事，完全按标准去做。当然，也有其他部门不会这样去做，但是也会一点点形成这样一个氛围，弱化商业惯例的影响。未来的趋势会像南方，或者像全世界都认同的契约精神，说好了怎么办就怎么办。我的努力就是这样一种环境和氛围。哈尔滨的企业甚至会因此受到一些损失，就像我们刚才谈的车灯。

A：东北的企业就跟刚才这位老总说的一样，为了得到这个合约，它会说啥都行，但是执行起来会有很多问题。这里面条款很不细致，另外在阶段性检查中会有很多问题。现在哈尔滨汽车制造厂的这些配套企业基本都要黄，因为哈尔滨这边要和福特合作生产新的汽车，但是福特来检查这些厂，测试质量管理体系等等，据说500多个企业里面只有五六个是合格的，其他都不行。因为它们只能生产低档产品。所以福特就会用南方的企业来供货，本地的企业质量就不行。我去了一个汽车前后灯的制造厂，它只能生产面包、微型，它们是一个8000万元的国有企业和台湾合资。但是这五六年这样一家企业就逐渐死掉了，台方也撤资了。中方的总经理就直接告诉员工，别管那些事，就听我的。他本身是一个根本不懂技术的人。到现在还欠台湾的企业钱。现在新上任的总经理还想找韩国厂商合作，但是时间上也来不及了。我们哈尔滨的企业跟南方企业的差距可能就在这里，看利益可能稍微多一些，但是细节上就差很多。好好一个企业，和世界制灯第二大厂合资，这么好的技术，这么好的企业，进来的都是好设备，为什么起不来，就是很大的问题。

C：我这个行业比较特殊，我是农垦体系的。我们是国有大型企业，主要是做原粮的采购和销售。我们这个行业的惯例是比较明显的，局外人很难进入。我们在和南方或者其他客户做生意的时候，我们基本上没有合同。我们会有一个约定，根据对市场预期的一个约定进行操作，在中期会根据实际操作价格再进行界定。我们的合同不是为了约束双方的行为，而主要是一种流程和手续上的需要。我们的客户有一些比较大的粮食加工企业，我们对于一些不认识的非政府行为的业务不会去做。我们首先会有一个草拟的合同，然后在贸易活动结束之后再完善一个合同文本。我们这个公司比较特殊，比较强势，所以合同主要是我们这边做主。我们的物流主要是和铁路和海运进行沟通。比如我们今年要采购 3 个亿的大米原粮，我们也不知道今年的粮价会是多少，我们会根据去年的粮价有一个预估，达成一个初步的意向进行操作。在操作过程中由于粮价波动很大，双方会再进行一些沟通。有可能今年粮价突然升高，我们的利润很少，这种时候我们就会和对方协商更改收购价，因为我们都是长期合作，也比较容易操作，而且这里面政府行为气息非常的浓厚。现在做这个行业的也只有中粮还有我们这两家，来操作这个行业要人脉和资金，所以一般人也做不了。对内管理上，我们基本延续国有企业的方式来进行操作。

D：我也是做农业的，也是一家大型国有企业集团。我们是属于政府这一边的，这家企业成立主要是为了保证农作物种子的质量，在政府主导下成立的企业。随着业务的推进，我们也涉及一部分粮食的收储，我们自己的品种在收购上也有一些倾斜。我个人从事过的行业很多，我是从事财务的，受行业限制比较小。虽然行业跨度比较大，但是我从事的工作还是比较类似的。我还是黑龙江省××中心特聘的财务专家，所以我对刚才那位先生的看法是有不同意见的。从我们专家的角度，我们在评价的时候肯定是公正的，我们在看这个招标书的时候，就能看出在文件中就有所倾向，有的招标书就是这些参评单位写的。我们作为专家看的就是他的标准是否符合，够达标就给分，没有必要参与甲方和乙方的事情。他感觉到的不公平往往是因为招标文件是不公平的，就是因为他的技术指标给的很宽泛，那些不先进的企业也能够进来，还有一些其他的因素最终决定了结果。就像我们前几天评的一个标，明明我们认为最好的、实力最强的就是落选了，因为标书里就写了微小企业加 6 分，大型企业它就不要。其实打分总分也就差个两三分，这 6 分自然很重要。这些投标就是量身打造的，是甲方和中标的乙方操作的结果。作为我们就是按标准打分的，往往是 4 位专家和 1 位甲方参与评标，投标书拿上来一看就知道是哪家写的。有的企业写了 800 多页，有的企业 20 多页，定是有倾向的。另外就是围标，这个我们也没有办法。就像老师出题，题有问题，我们只是改卷子的人。按照最新的流程，每一次扣分都要告诉对方，不同意可以进行申辩，我们再次评定。

对于商业惯例的问题，在黑龙江我有几点感触。第一个是跟前几位同志说的，契约精神不够，不仅企业如此，政府也是如此，在招商引资的过程中开出一系列优惠条件，企业真正落实之后，政府该办的总是很不顺畅，甚至就不办了。企业也是如此，如果它违约了，不会首先想到请律师去起诉，而是坐下来先谈。对方说再宽限几天，你说几天必须要给我。第二点，国企可能私营企业也存在，就是大领导的决策过程非常随意，没有外企那种情报支持、数据分析的过程。决策如果发生失误，就扔在那里，错了就错了。这个在国内企业可能是一种普遍形象。我也在外企工作过，他们这方面做得就很好。哈尔滨的亚马逊，他们在进入哈尔滨之前经过了 8 年的论证，最终才决定进入。国内企业没有这个过程，也没有这个意识，很少有谈到这种决策失败的责任。第三点就是，从国企角度，每办一件事情必定先考虑我在哪里有关系，而不是说这里的市场是否需要，市场是否成熟。我说一个在富锦（佳木斯市下辖的县级市）的例子，我们投资了一个种子大市场，如期完成之后，它就觉得我们盖得标准非常好，旁边那一家农机大市场就觉得我们是一个威胁。它们就往上告，因为当时政府也承诺只招一家。后来政府就说只要你们不往上告，就让我们这边退一步。后来我们就把租户的租金都退了，还有 20% 的违约金，现在也不往外租，就在那放着。这个也没有办法，政府的态度就是息事宁人。

E：我做的是企业咨询，主要是人力资源这一块。我们这个公司成立 10 年了。我做到现在，服务的只是哈尔滨的一小部分企业，我们提供的都是正常的职业化的服务。我觉得这个社会还是存在一些正常的企业。在我服务的企业中，比如说外企，我可能不需要去催款，还有一部分是民营企业，可能在执行合同中比较费劲，但是我们在合同中尽可能规避这种风险，最后执行情况也还不错。对于小企业，我们往往是边服务边淘汰。基本上我们做到现在没有回扣这些东西也能存活，也说明客户还是接受这种形式的。

F：我感觉现在南北方也没有太大的差距。我跟南方的接触也比较多一些，人的意识来说，一说东北人还是原来的印象。在座的老板也都是做生意的，见识也比较多一些。问卷里提到义和利的问题，我觉得做生意的肯定是讲究利的，现在感觉哥们儿义气还是淡了一些。做买卖不是自己的，还是单位的。我个人觉得这种因素不是重要的。招标过程中的潜规则肯定也有。政府的情况我也是这样的感觉，一开始挺热情，真入围了，实施起来难，后面就是它来找你，也有一些关系户，但是我觉得这个也正常。

E：我觉得整个社会还是向好的，一开始履行合同这一块，它一开始可能不重视，就是让你签个合约。我从业的10年中，大家也在逐渐重视这个合同。这个需要一个过程。

A：我们在经营活动的过程中，也走出去看过，也和南方的企业接触，这些人的思维也会影响。社会越发展，竞争越激烈越残酷，大家就越意识到自己的行为把握不住就会被淘汰，这是肯定的。东北企业也是优胜劣汰的过程。我们替政府做企业交流，请韩国企业过来，我们就先问他你有没有项目计划书，他说没有，但是现在很多就比较理性了，这些肯定有。发展特别是互联网发展以后，推动了企业的行为向正规化方向发展，好多了。

E：但是在和政府打交道的过程中，这些潜规则肯定还是得有，而且有了办事会更顺利一点，要是完全按框架走，肯定慢了。

G：我是一个私人企业，也是做服务业的，我们做的是空运物流。我们现在合作的单位和客户有一些私营企业，也有各大快递物流公司。我们的合作就很少有契约的合同，大部分就是靠个人的感情合同。因为我们做的不是一锤子买卖，你需要服务好、价格好、时效好。但是实际没有契约确实是不好，遇到问题的时候很难说清楚。比如这个货，装油的玻璃瓶碎了，产生这种问题，它就可能把这个责任推到我这边。事实上之前我们已经说得很清楚，玻璃瓶的东西任何一家物流公司都不能保证不出问题，但是后面它不承认，还是来找我们，我们还想解决这个问题，不想失去客户，就会承受一些损失。我们也有一次投标的经历，是一个很大牌的厂子，投标企业有四五家。它先定一个框，看你是否符合它的要求。其实做空运的，大家手续肯定是齐全的。你没有资质肯定进不去。但是我们也清楚，即使你有资质，你的价格比人低一点，也很难。在哈尔滨这个地方，没有关系确实不太好办事，有关系办事要容易一些。这个地方的文化风气已经形成，很难短期改变。遇到问题，大家就是来回周旋。我们物流行业可能还是做得比较小，往往都是跟私营企业。

C：我们经常与物流企业打交道，主要是跟铁路合作，就是先有一个车皮的授权，到时候就调。有的时候你会根据出货量决定铁路还是海运。你要走铁路就要提前一周调车皮，这里面有政府行为，尤其到冬天，都是优先给我们。我们不跟政府签合同，也不跟铁路。我们就是要用的时候给它打电话，它会回复有或者等一天有。如果我们违约，要了车皮又没用，我们肯定也要付一部分钱。这里面没有签合同，但是钱肯定要给。

B：物流行业应该是有一个零单和散货的概念。比如我把橘子递到李老师办公室，就是叫个快递，给他 20 元把货拿走，不存在一个协约的问题，就是签个字，这个就是零单货。像我们集团一年的物流费用可能有 1500 万元，我们每一笔单子都需要签，5 元的也需要，要不然财务入不了账，这属于制度规定的。

C：这个合同主要是一种财务上的手续，其实实际功能不是很重要，主要是为了财务入账报销的问题。

G：我们企业很少参与这种招投标的活动，因为这个招标的信息比较难以获得。

B：我不知道别的企业在物流招标上有没有关系户，但至少我这里不存在，虽然我可以定，但是这么多人看着，不好办。

A：要是做项目的时候，一个大项目里面还要分成好多块，这个处长的，那个局长的，肯定还要放在里面。

G：我觉得潜规则也是社会经济发展到一个阶段必然发生的事情。但是随着市场的完善，企业家意识的提高，大家还是更多注重商品的质量，有这样的思想。早晚达到一定的程度，这种潜规则会消失的。在这个阶段内，企业要生存，就必须适应这种环境。我觉得解决的关键是制度的完善，这不是凭空去照搬美国的制度，而是生产力水平发展到一定程度自然解决的问题。

A：什么是最公平的？流通环节是最公平的，像超市是最公平的，你的东西质量差价格高，就没有人买，就没有人愿意进你的货，你不用看领导的脸色、政府的意见。但是一涉及政府的问题，这里面就包含了太多的内容。

H：我是做木门和地板的，跟企业的规则接触的比较少，主要是针对消费者，还是比较公平的，你的产品质量好，我就会买。像企业客户来买我们产品的很少。我们之前是拼自己的信息拿到的代理。我们主要还是看产品质量和售后服务。我们做的是总代理，就是看我们自己的眼光，我们自己去拿货，如果拿到的货不好，就不好卖，我们就换下一家。现在劳动密集型企业由于劳动力成本上升面临的压力还是很大的。

I：我是做旅行社的，属于服务行业。我们做的虽然类似于零售，但是我们没有实体商品。我现在面临的散客市场，他们选择的时候往往就比较关注价格。但是旅游产品是不能单纯从价格上面去考量的，而我们旅游行业在这些方面是有问题的。《旅游法》已经明确规定你的报价低于或者接近成本，属于违法行为。但是现在行业中这种从未停止，甚至愈演愈烈。可能是宏观经济情况不好，所以这种现象还是存在。

据我了解，很多大型的旅游公司，它们的旅游产品和小旅游公司也基本没什么差别。它们在定位的时候也是主要关注低价这个因素，没有太多差异化的选择。比如我可以选择性价比，或者更符合我理想的旅游项目。我说的都是包团旅游，散客自由行不在这个范围内。而大部分市场的游客，也都是选择包团，所以所有的旅游企业也就只能把关注点放在价格上。你可以看到那些最大的已经上市的旅行社，他们提供的包团服务也就是那些。我做旅游很多年，就是没太涉及散客这一块。这是一块很大的蛋糕，各家旅行社都想争夺，但是也没有太好的办法。我觉得现在的消费者对于服务的价值还不是很认同，他愿意为一条裙子付钱，但是不愿意为服务支付价值。

A：我觉得现在的旅游确实差不多。就是导游带着人哗哗哗一顿走。我觉得强调体验，就是人到了一个地方之后要体验这个地方的人文风情。你们可以看到，到了 8 月份，所有人都去韩国旅游了，企业去，政府也去，他们的旅游业就很发达。旅游的时候家庭游的方式很多。他们不用带锅碗瓢盆，但是会出去买菜做饭，这些设施旅馆和宾馆都能满足，你们应该开发这样的模式。

I：因为我们也想做韩国游，现在哈尔滨市场上的韩国游大概是 4000 元左右，我们现在要拿出一个产品可能就是 6000 元左右。而韩国的接待社就说，你们中国团来了我会给你提供一些其他服务，比如买东西，或者晚上一些自费活动。如果是欧美团他就可能不这么做，但是中国团就会接受，游客也会接受，游客还会觉得很好。我觉得我们中国游客的旅游思维还没有发展到体验那个层次。我们也接触一些国外旅行社，不管它们背景有多大，它一接中国团就要按照中国方式了。我个人不太接受这种模式。就比如导游的问题，在旅游发展中导游当然要有工资。我们在实际操作的过程中，旅行社给导游的钱有一个圈内约定规则，可能和国家法律的规定不太一致，但是我们就是这么做的，这里面可能还要考虑感情的因素。我们没有契约，也没有固定的要求导游如何如何。他在你的旅游过程中起到的作用非常大，但是这种作用很难用货币去定位。

B：因为我们是合资企业，所以外方会要求我们会按照规章制度去做。而且我们企业中也有一部分外国人，也需要用明规则去管理他们。当然在实际过程中也有政府的指导部门来找我们谈，或者是客户找到我们说我是谁谁谁介绍的。这个时候我们还是看他的产品技术能否达到我们的标准。

注：为保护与会人员隐私，本次焦点小组访谈部分内容未予公开。

参考文献

[1] 爱德华·泰勒. 原始文化：神话、哲学、宗教、语言、艺术和习俗发展之研究. 桂林：广西师范大学出版社，2005

[2] 波斯纳. 蒋兆康译. 法律的经济分析. 北京：中国大百科全书出版社，1997

[3] 常凤鸣. 东北经济区生产力布局探讨. 地理科学，1986（2）

[4] 范春柏. 房地产企业不同拿地方式下相关各方的税务研究. 财经界（学术版），2011（12）

[5] 高斌. 东北地区产业集群及发展研究. 长春：东北师范大学博士论文，2005

[6] 郝中丹. 推进东北流通产业现代化的战略选择. 新长征，2005（3）

[7] 侯志茹. 东北地区产业集群发展动力机制研究. 北京：新华出版社，2010

[8] 华振. 东北地区建设区域绿色创新体系的研究. 哈尔滨：哈尔滨商业大学博士学位论文，2012

[9] 黄世宽. 房地产决策流程的优化研究. 时代经贸，2007，8（5）

[10] 黄亚兰. 礼仪在商务拜访中的重要作用和技巧探析. 中国商贸，2012（2）

[11] 蒋丽婷. 浅析商务礼仪在商务谈判中的应用. 知识经济，2012（22）

[12] 姜林奎. 东北地区医药产业集群整合发展研究. 长春：东北师范大学博士学位论文，2011

[13] 姜威. 地域文化传承与东北经济发展. 商业研究，2012（12）

[14] 李诚固，李培祥，谭雪兰，刘文秀. 东北地区产业结构调整与升级的趋势及对策研究. 地理科学，2003（1）

[15] 李天舒. 东北地区工业比较优势及产业升级途径. 经济纵横，2007（7）

[16] 李志敏. 东北金融中心发展模式问题研究. 长春：东北师范大学硕士学位论文，2007

[17] 廖羽. 试论振兴东北经济的若干要素. 北京：首都经济贸易大学硕士学位论文，2005

[18] 林晓艳. 基于企业家能力的房地产企业持续成长机理. 福建论坛（人文社会科学版），2011（8）

[19] 林跃平，高峰，赵红菊. 老工业基地面临的挑战和振兴的出路. 西安科技大学学报，2003（1）

[20] 刘根荣，付煜．中国流通产业区域竞争力评价——基于因子分析．商业经济与管理，2011（1）
[21] 刘虹，赵淑芝．东北地区区域经济发展问题研究．地理科学，1997（2）
[22] 刘艳军．东北地区产业结构演变的城市化响应机制与路径研究．长春：东北师范大学硕士学位论文，2006
[23] 马志明．中国东北地区金融业发展实证研究．北京：首都经济贸易大学硕士学位论文，2013
[24] 孟夏．东北地区产业结构和产业选择研究．北京：北京邮电大学硕士学位论文，2010
[25] 宋梅秋．东北地区经济协调发展与产业结构调整战略研究．长春：吉林大学博士学位论文，2009
[26] 宋玉祥，陈群元．20 世纪以来东北城市的发展及其历史作用．地理研究，2005（1）
[27] 孙媛娜．东北地区企业员工组织公平感、工作满意度与离职意向的关系研究．长春：东北师范大学硕士学位论文，2013
[28] 田洪川．中国产业升级对劳动力就业的影响研究．北京：北京交通大学博士学位论文，2013
[29] 佟玲．东北地区民营企业发展的目标模式选择．工业技术经济，2012（6）
[30] 肖辉．美国金融危机与东北地区金融发展策略，东亚经济论坛，2009，18（4）
[31] 熊广勤．地区产业集群发展的影响因素、动力机制与模式选择综述．管理现代化，2012（1）
[32] 王荣华．东北老工业基地国有企业改革问题及对策研究．商业经济，2012（6）
[33] 王奕．浅谈商务礼仪的运用．经营管理者，2011（16）
[34] 王颖．东北地区区域城市空间重构机制与路径研究．长春：东北师范大学博士学位论文，2012
[35] 姚永利．东北地区的企业环境管理问题探析．黑龙江社会科学，2006（1）
[36] 叶万军．东北地区区域经济一体化研究．长春：东北师范大学硕士学位论文，2007
[37] 殷晓峰．地域文化对区域经济发展的作用机理与效应评价——以东北地区为例．长春：东北师范大学博士学位论文，2011
[38] 赵军平．东北地区人力资源开发与区域经济发展的关系研究．长春：东北师范大学硕士学位论文，2008
[39] 赵岩，李淑华．东北地域文化特色对经济发展的作用研究．人民论坛，2013（32）
[40] 张志元．东北地区制造业发展模式转型研究．长春：吉林大学博士学位论文，2011
[41] 周桂英．东北地区产业创新能力及其评价研究．长春：东北师范大学硕士学位论文，2013